中国华侨历史学会文库之二十八

徽风皖韵聚侨心

——安徽归侨口述录

主　编：赵红英　康晓萍
副主编：张春旺　吴向明　何晓雄

中国華僑出版社

图书在版编目（CIP）数据

徽风皖韵聚侨心——安徽归侨口述录/赵红英，康晓萍主编．—北京：中国华侨出版社，2012.12

ISBN 978-7-5113-2962-2

Ⅰ.①徽…　Ⅱ.①赵…②康…　Ⅲ.①归国华侨—访问记—安徽省—现代　Ⅳ.①K828.8

中国版本图书馆CIP数据核字（2012）第258512号

●徽风皖韵聚侨心——安徽归侨口述录

主　　编/赵红英　康晓萍
副 主 编/张春旺　吴向明　何晓雄
责任编辑/尹　影
封面设计/周　吾
责任校对/孙　丽
排　　版/名宸智业
经　　销/新华书店
开　　本/880×1230毫米　1/32开　印张/8.5　字数/200千
印　　刷/北京书林印刷有限公司
版　　次/2012年12月第1版　　2012年12月第1次印刷
书　　号/ISBN 978-7-5113-2962-2
定　　价/26.80元

中国华侨出版社　北京市朝阳区静安里26号通成达大厦3层　邮编100028
法律顾问：陈鹰律师事务所
编辑部：(010) 64443056　　64443979
发行部：(010) 64443051　　传真：(010) 64439708
网　址：www.oveaschin.com
E-mail：oveaschin@sina.com

编 委 会

主　编　赵红英　康晓萍

副主编　张春旺　吴向明　何晓雄

编　委　（以姓氏笔画为顺序）

毕　清　乔印伟　谷　新　邹立新

吴向明　张春旺　何晓雄　李章鹏

胡　丹　赵红英　胡修雷　康晓萍

序

中国是一个海外侨胞众多的国家，哪里有海水，哪里就有华侨华人。长期以来，远渡重洋的华侨华人，在异国他乡谋求生计、创基立业的过程中与当地人民和睦相处，以自己的勤劳、智慧，为居住国家和地区的经济发展与社会进步发挥了重要作用。同时，华侨华人关心着祖（籍）国的强盛与进步，从辛亥革命到抗日战争，从解放战争到新中国诞生，从维护中国主权完整、民族独立到改革开放、振兴中华，他们都以不同的方式作出了重要的贡献。

开展对华侨华人的研究工作，具有重要的学术价值和积极的现实意义。这不仅有利于让世人更多地了解华侨华人团结互助、艰苦创业的奋斗史，有利于了解他们对居住国经济发展和社会进步的成就史，有利于了解他们爱国爱乡，为祖（籍）国革命、建设和改革开放、现代化建设的贡献史，有利于了解他们与当地人民和睦相处、融入主流社会的发展史；而且更有利于我国总结开展侨务工作的历史经验与教训、探索华侨华人生存发展的特点与规律、了解华侨华人面临的困难与问题，从而为党和国家制定侨务方针政策与法律、法规提供参考和借鉴，更有针对性地为华侨华人提供帮助和服务，以推进侨务工作的向前发展。

对华侨华人的研究，已经走过了百年的历程。就国外而言，华侨华人问题作为一个与国际经济和政治发展相关的移民问题，于 20 世纪初就引起了国际学术界的兴趣和关注。特别是 20 世纪 80 年代，中国实行改革开放政策以来，中国经济迅速发展，华侨华人与祖（籍）国的密切往来形成了双赢的局面和相互的联系，更引起了国际学术界的关注，而成为热点研究的问题。就国内而言，华侨华人的研究工作可追溯到20世纪初，但发展、繁荣则是在改革开放后的20世纪八九十年代。世纪之交，中国学术界对华侨华人的研究进入了一个崭新的阶段。这个阶段体现了4个特点：一是研究人员队伍的不断壮大、年轻一代专家学者在继承的基础上崭露头角，为研究带来兴旺的景象；二是新的研究机构相继成立，学术交流更加频繁、相互协作更加密切；三是学术研究成果显著，文章和著作数量繁多、研究水平和质量显著提高；四是研究领域不断拓宽，冲破了传统观念的束缚，更加注重现实侨情的研究，而且广泛涉及到华侨华人政治、经济、文化、教育、宗教、人口等领域，形成了多学科交叉、综合性研究的趋势。

作为全国性的民间学术团体——中国华侨历史学会，自1981年成立以来，在历任学会领导和历届侨联负责同志、侨界前辈、专家学者的关心支持下，学会的各方面工作都有了很大进展，不仅发挥了全国性侨史研究学术团体组织协调的龙头作用，而且推进了地方侨史学会工作的开展，尤其是在资料收集、研究编撰、著书立说等方面成绩显著、硕果累累，较好地发挥了侨史研究“以史为鉴”、“资政育人”的作用。

21世纪以来，随着华侨华人在世界政治、经济舞台上发挥越来越大的作用，国内外学术界也越来越重视华侨华人的研究。为适应这种形势发展的需要，中国华侨历史学会编辑出版《中国华侨历史学会文库》，旨在为海内外华侨华人研究学者提供展示研究成果的阵地和开展学术交流的平台。

采访老归侨，征集、出版老归侨口述历史是中国华侨华人历史研究所自2004年以来开展的一项重要规划，这项规划得到了中国侨联领导的关心和支持。截至目前，已先后在山西、天津、广西、海南、广东、福建、浙江、河北、吉林和湖北等12

个省市区进行了采访。去年年初，在安徽省侨联推荐的基础上，中国华侨华人历史研究所委托安徽省侨联采访了36名归侨。这36名归侨原侨居地大多为东南亚，只有少数侨居于蒙古、日本、美国等国。这36名归侨来自安徽不同的阶层和行业，既有侨务、侨联工作者，也有教师、医生和科技工作者；既有国家公务员，也有企业管理者；既有人大代表、政协委员、劳动模范，也有普通工人、农民……他们中不少人曾获得全国、省部、地市等各种级别的表彰，有些人为所在单位的发展做出了重大贡献，有的甚至在某个学科领域做出了突出成就，也有人虽没有轰轰烈烈的业绩，但始终尽心尽力地奉献在各自的工作岗位上。他们均为祖国的革命、建设和改革开放事业作出了积极的贡献。我们将采访材料结集成册《徽风皖韵聚侨心——安徽归侨口述录》，并作为《中国华侨历史学会文库之二十八》编辑出版，希望能对华侨华人历史和相关学术研究有所贡献。

在此，我衷心希望《中国华侨历史学会文库》的问世有利于将华侨华人的研究从理论到实践推向一个更高的层次，从而走向世界、走向未来。

林明江

2012年8月

目录

每一项工作，都与“化工”结缘

——鲍建广　口述

被采访者简介：鲍建广，男，日本归侨，祖籍广东中山，1938年出生于日本横滨，1942年归国。1957年考入复旦大学化学系，1962年攻读复旦大学研究生，1966年参加工作。曾任全国人大代表、高级工程师、化工局局长。2005年退休，获得过国家级科学技术研究成果奖等。

采访时间：2012年5月5日

采访地点：安徽省合肥市老科技工作者协会办公室

采访者：朱　晖　吴　青

整理者：朱　晖

一

我祖籍广东中山，1938年出生在日本横滨。日本人出生的时候有个习惯，大人把脐带和胎毛装在小盒子里，记上婴儿出生的体重和时间，后面标着父亲和母亲的名字。我至今还保存着标记着我出生时信息的小盒子。

我父亲是13岁从老家去日本的，我的伯父很早就去日本了。我的祖父是残疾人，在家种地很困难。我伯父在日本闯出自己的事业后，我父亲就去投奔伯父了。我的父亲在日本念了一年大学，觉得不能总依靠伯父过日子，就出去做事了，在日本洋行找到了一份合适的工作，父亲的生活逐步稳定了，事业也日益发展。

鲍建广小时候和爷爷在日本（右一）

我母亲一家是在她祖父时，也就是 18 世纪中叶就到了日本。因家里条件不错，母亲在日本学习到高中毕业，那时候日本女子只能读到高中，不能上大学。我母亲高中毕业后，学习刺绣和英语。1929 年，在母亲 20 岁时，外祖母去世了，外祖父提早让我父母举行了婚礼。

太平洋战争爆发后，为了筹集战争经费，日本政府卑劣地冻结了私人资金，使国际贸易无法进行。洋行难以维系，被迫解散。我父亲面对突然失业的打击，为寻求更好的发展机会，打算归国发展。1942 年，我们要离开时，日本政府要求我们必须留下所有金饰，就这样，我家收藏的金表、金戒指都被扣下

了，家产几乎一扫而光。之后，我家辗转由上海回到了广东，后来广东失守，我们全家就迁往上海，在上海暂住下来。

在日本期间，有件事让我记忆犹新，也让我觉得解气。在那段时期，日本流行棒球运动，年轻的华侨对这项运动也感兴趣。在日本，华侨很少，日本人看不起我们，认为我们玩不好棒球运动。为了争口气，我的亲戚梁氏牵头组织年轻的华侨练习棒球，在横滨的一次大型比赛中打败了日本队，让日本人刮目相看，当地华侨倍感荣耀。抗日战争时期，梁氏回到上海，坚持棒球运动，后来带领上海熊猫队打败了美国队。之后我哥哥还翻译了一篇关于中国棒球队事迹的文章，引起海内外华侨的强烈反响。

二

从日本回来时，我只会说日语。4 岁时在上海上了半年幼儿园，才开始学习上海话。1945 年，我开始在上海金安小学念书，1949 年加入中国少年队，1954 年，我 14 岁的时候加入新民主主义青年团。在这期间，我一直担任学生干部，之后在上海一家法国人开的教会学校学习。1957 年考入复旦大学化学系，1962 年大学毕业，在母校继续读研究生，研究有机磷、有机氟，之后转到农药方面的研究。前不久，我们班在母校举办了毕业 50 周年纪念聚会。

三

1966 年 6 月，也就是在“文化大革命”前一个月，我参加工作，被分到了沈阳化工院工作。“文革”期间，我去北京、天津、武汉等地学习工作了 4 年多。这样的学习经历使我将学到的理论知识与社会实践结合了起来，收获很大，也很快适应了角色转变，为此后的工作和研究积累了大量的实践经验。我爱人是搞青铜机械的，“文化大革命”的时候被派到生产第一线，被分配到合肥轻工机械厂，之后我也来到了合肥，被分配到一个中学教化学，之后分到合肥化工厂。

1975 年，邓小平同志把中国科研工作带进了新的春天，他号召全国各条战线加强科研，促进科研成果转化，激发了科研人员的工作热情。各个地方都办起了研究所，有条件的办起了独立研究所，条件不具备的办联合研究所，合肥适时成立了农业、钢铁、化工、电子等独立研究所。我当时负责组建化工研究所。我们从事过牛仔裤的染料、女同志烫头发的染发精等专项研究。在 1978 年第一次科技大会上，我们的研究成果获得了表彰，我在全国农药界知名度快速提升，这些研究成果也为我从纯理论研究转到工业应用研究打下了坚实的基础。

鲍建广在 20 世纪 70 年代带领专家学者在研究所参观（左一）

1989 年，我获得了国务院侨办“优秀归侨知识分子”的称号，1990 年作为全国优秀归侨，我参加了有关部门组织的厦门疗养活动，安徽省只有我一个人参加。2005 年，我退休了。退

休后，担任了7年的老年科技协会会长，并担任安徽省腐蚀与防护协会的理事长、合肥市化工协会理事长等职。我还参加了老科协下面由近30名知名专家学者组成的专家组。我抓得比较多的是草莓、葡萄病虫害防治方面的研究和技术支持。最近正准备去大圩生态农业示范园做实验，并对草莓、葡萄的病虫害情况进行鉴定。我已在肥西、三河、清平等地从事了两年多的农业鉴定，效果非常好。

回顾工作历程，我的经历相当丰富，从事过基础研究、负责过大型工业项目、掌管过地方研究所、在化工厂当过7年总工程师、在企业当过技术主管，还当过5年的化工局局长。每一项工作都与“化工”结缘，也成就了我无数的荣誉。

鲍建广在20世纪70年代陪同外国学者参观介绍研究所（左一）

四

1988年，我当选为全国人大代表，全国侨联、国务院侨办经常召开侨界全国人大代表座谈会、茶话会，征求我们的意见，我们也结合自身工作实际、归侨侨眷反应强烈的问题和一些社会热点问题提出了许多意见与建议，并通过议案渠道反映上去。有些议案得到了中央领导的重视，为国家有关政策的出台提供了参考，为此，我深感自豪和荣耀。

现在归侨越来越多，所在领域也越来越广。加强归侨联谊活动，对于增进共识、凝聚侨心、汇集侨智、共同服务经济社会发展意义重大。所以，我一直希望侨务部门加强联动、增强合作，将归侨侨眷的活动丰富起来，拓宽建言渠道，让老归侨在安享晚年的同时继续发挥余热。

鲍建广担任合肥市政协副秘书长的工作照（右一）

坚持信念，报效祖国

——蔡承嘉　口述

被采访者简介：蔡承嘉，男，印度尼西亚归侨，祖籍福建。1936年出生于印度尼西亚苏门答腊，回国后长期在芜湖市日新化工厂工作，直至1995年退休。

采访时间：2012年4月24日

采访地点：蔡承嘉家

采访者：王　静　周　蓉

整理者：周　蓉

蔡承嘉在印尼探亲时留影

一

我曾侨居印度尼西亚，1936 年出生在苏门答腊岛一个偏僻的山区里。家父在当地一个叫“光务”的地方做着土产生意。在我很小的时候，日本侵略到南太平洋，我们所住的地方就失去了安宁。

在我的记忆里，有几个知名的中国作家，像郁达夫、王任叔（巴人）等都到过我们那里。日军侵占印尼后，巴人遭通缉，被迫隐居于丛林，过着刀耕火种的生活。而郁达夫则肩负使命，隐藏起真实身份打入敌人内部，名义上给日本人做事，实际上为侨胞做了很多好事。由于过早地暴露了身份，1945 年日本投降后被日本宪兵秘密杀害，牺牲的地点就在我出生的地方。郁达夫有个女儿现住南京，就是现在的江苏省侨联主席郁美兰。

虽然那时我还年幼，但对郁达夫印象十分深刻，甚至到现在我都能记起他的模样。郁达夫有一个朋友叫蔡清竹，是我的堂兄。我们那里有个中华街，吃过晚饭，男女老少穿着舒适的睡衣徒步来到这个地方。在这里言论自由，什么话都可以说，我便是在这里看见了郁达夫，我的爱国主义启蒙教育也是在这里开始的。在一次聚会上，郁达夫说日本人投降了，就那一句话让他断送了性命。家父也曾让日本人抓起来，说是中国特务，受到迫害。虽然我们家在当地并不穷困，但家父还是很希望能叶落归根。1954 年，我们全家回到了祖国。

我的家乡在金门岛，属于福建省，离台湾很近，由于当时大陆和台湾的对峙，我很难回去。

二

回国后，我在上海念高中。高中毕业时，正赶上“上山下

乡”运动。1958 年，我支农来到安徽芜湖。后来因为我是高中生，在当时算是文化人，领导安排我专门钻研化工领域以供发展工业所需，当年我只有 22 岁。不久，我被派到合肥学习专业知识，又到大连学习了一年，之后在我们这些专业技术人员带动下成立了安徽第一家化肥厂。当时从上海到芜湖的归侨有 20 个，目前只剩我一个仍留在芜湖。

“文革”的时候，我被打成间谍和特务，但是我只明确一点，那就是我之所以回来是因为心里怀揣着报效祖国、支援祖国建设的梦想。为工厂做一些小发明是自己的爱好。至今遗憾的是在被打击的时候没有能力去报效祖国。后来厂里让我搞销售，我还是坚持以工人身份来干，当了一辈子工人。

蔡承嘉（左一）在印尼探亲时与亲属合影

三

1995 年，我退休了，但是我还是想做自己力所能及的事情。跑销售的时候，我主要负责温州、福建一带。有人想向我行贿，我从来不收，因为我就认一个死理，不能拿那一点点好处而损害厂里的利益。可以说，在当时，厂里50%的业绩要靠我一个人来完成。一次，厂长因为积压的产品销售问题亲自到我家，让我为了厂子的生存，也为了全厂职工的生活，带队拓展销路。我放下家中的事务，以大局为重，立即投入到紧张的工作中。最终，我不负众望，将厂里所有积压货品销售到福建。厂里还计划嘉奖我，为了工厂的发展，个人辛苦不算什么，我没要一点儿奖励。回顾我做销售时行走的路线图，大江南北都留下了我的足迹。后来改革了，厂里说销售业绩和工资挂钩，但是我从来不把它当回事，甚至别人把我的功劳抢去了，我也不介意，因为我坚持自己认为应该坚持的，过平平淡淡的生活就可以了。每次出差我都是坐公共汽车，从来不铺张浪费。虽然舍弃了个人利益和荣誉，却让我赢得了尊重，实现了我回国时的誓言。

安徽芜湖就是我的第二故乡，在这里，我工作、生活了60个春秋，也见证了安徽的发展。侨联、侨办一直都很关心我的生活，经常和我沟通，我深感欣慰。

老骥伏枥，志在千里

——曹高茂　口述

被采访者简介： 曹高茂，男，意大利归侨，祖籍安徽芜湖。1933年9月16日出生，1979年出国，在国外侨居32年。意大利《新华时报》创报社长及总监，芜湖捷运汽车有限公司董事、总监，意大利华侨华人安徽同乡会名誉会长，欧洲侨团联合会常务理事，欧洲中国和平统一促进会常务理事，意大利罗马华商会会长，安徽省归国华侨联合会顾问，安徽省海外交流协会名誉会长，意大利阳光集团公司名誉董事长。

采访时间： 2012年4月25日

采访地点： 安徽省芜湖市被采访者住所

采访者： 周　蓉　王　静

整理者： 曹高茂

一

我，1933年9月16日出生（有关文件记载为1932年）。4岁时，祖父开示启蒙，教以《三字经》、《百家姓》。

1937年5岁时，我坐在箩筐中，随父母躲过日寇入侵的战火，全家逃难至武汉，那时家中常有亲人逝去。

1938年，全家定居湖南沅陵后，在敌机扫射和炸弹的威胁下，我背着小板凳、小黑板在树林中学习。那时候，视“死”为司空见惯的事，而对“生”却尤为渴求和珍惜。

1945年抗战胜利后，全家历经千辛万苦返回芜湖，入后家巷历德小学学习。

1946年，我入读萃文中学，目前仍任萃文中学校史研究会主席。

1949年，芜湖解放，是时我正在读书。

1950年，17岁的我辍学，市军管会公安局长方力（后任公安部长）任命我为芜湖市公安局民兵三队分队长，曾任民青联委员、工商联青年委员、中二街青年俱乐部主席、缝纫工会理事等职。

1954年，芜湖遭百年不遇的水患，水灾过后，我上补习班继续学业，后以同等学力报考南京大学。

1955年，我入读金陵协和神学院，当时的院长为曾任全国政协副主席的丁光训，校董事长为郃镜三博士。

在校期间，我任学生会学习部长，曾参加武汉长江大桥的义务劳动，并应邀参加上海市青代会，曾接待过法国的佛雷太教授和毛主席接见过的日本武田青子、日本佛教访华团，受到省委书记江渭清的表扬。曾参与到机场迎接柬埔寨西哈努克亲王的队伍，参加孙中山先生诞辰90周年的祭拜活动，见到了朱德总司令和周恩来总理。

总之，那时我积极学习，意气奋发，努力为国争光。

1957年反“右”时，同学林建华、洪光良被捕，我为此受到影响，但仍坚持学习。

1958年校董事长郃镜三博士在我房间里睡了4个小时，受此牵连我被连续批斗几天。我曾与两位同学一起补课，我们遂被打成“曹高茂右派集团”。悠悠几十载，“冤哉”，“枉哉”，难以一一述怀。我虽未入过大狱，但经历与之也差不多。这几十年，“右”派帽子压得我喘不过气来，直到国家打倒“四人帮”，我才获得彻底平反。

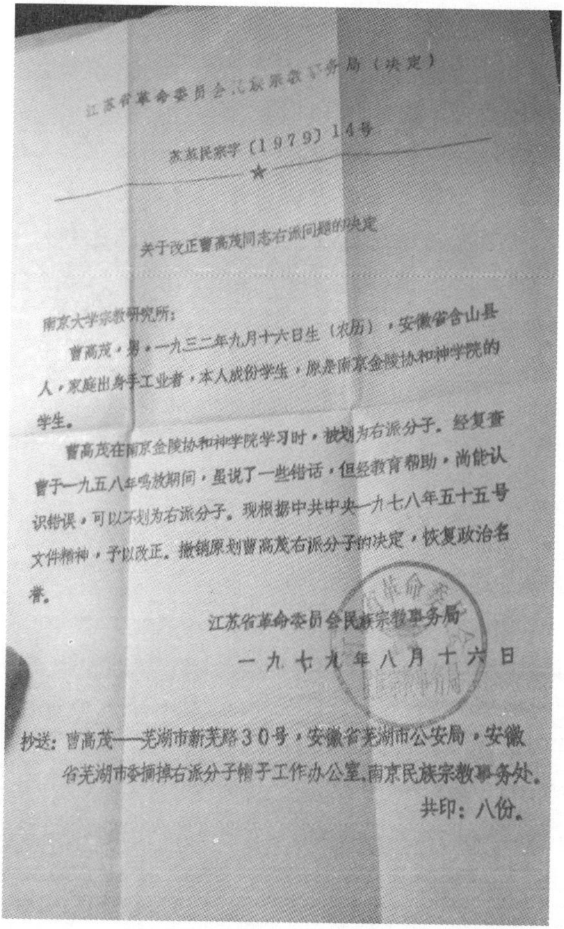

江苏省革命委员会民族宗教事务局（决定）

苏革民宗字〔1979〕14号

★

关于改正曹高茂同志右派问题的决定

南京大学宗教研究所：

曹高茂，男，一九三二年九月十六日生（农历），安徽省含山县人，家庭出身手工业者，本人成份学生，原是南京金陵协和神学院的学生。

曹高茂在南京金陵协和神学院学习时，被划为右派分子。经复查曹于一九五八年鸣放期间，虽说了一些错话，但经教育帮助，尚能认识错误，可以不划为右派分子。现根据中共中央一九七八年五十五号文件精神，予以改正。撤销原划曹高茂右派分子的决定，恢复政治名誉。

江苏省革命委员会民族宗教事务局

一九七九年八月十六日

抄送：曹高茂——芜湖市新芜路３０号，安徽省芜湖市公安局，安徽省芜湖市委摘掉右派分子帽子工作办公室，南京民族宗教事务处。

共印：八份。

曹高茂的平反文件

二

1978年，时年46岁，青春不再，我放弃了深爱的外语，投入马列理论和诸子百家的研讨。我一心报考费孝通的研究生，并寄去许多读书心得。然而命运捉弄人，放弃了外语，我却被分配到 13 中教外语。

费老十分喜欢我这未曾谋面的学生，可当时有关文件规定："研究生不能超过 46 岁"。没想到 6 年之后，胡耀邦总书记访意期间，我和费老相遇。费老仍记得我，拉着我的手，领我到胡耀邦总书记面前不无惋惜地说："难得的人才。"并将我曾报考他研究生一事作了介绍。总书记听后勉励我，"金子总会发光的。"我与胡耀邦、费孝通等党和国家领导人合了影，这是我与国家领导人的第一次合影，至今让我仍记忆犹新。

三

1980 年出国时，我已四十七八岁，年近半百，又有家室，五口之家其乐融融。在罗马，我以自己的经历现身说法，鼓励儿女要珍惜大好时光，刻苦学习，努力成才，将来报效祖国。

1984 年，我迎来了家庭和事业的两个春天，两个女儿到了罗马，迎春饭店开始迎宾。这是罗马 36 家中国餐厅中的一家。以后，每年新开一家餐馆，取名为"迎宾"、"老正兴"、"爱湖楼"等。这些餐馆，排名都在全意餐馆前 140 名之内，我也因此加入罗马餐馆业公会，为华人社会在意大利的发展做了大量卓有成效的工作。据我所知，今天还没有其他一家中餐馆加入外国人的同业公会。

四

这以后，无论中国官方或是民间赴意访问、交流，我都尽力为他们做好服务和接待工作。比如：由航天工业部部长领衔的访问团以及叶正大将军、王汉一将军、魏伯长将军和城建部长叶如棠、兵器部曹部长等来意时，我都参与接待，并与他们

进行交流。我还帮燕山石化争取到300万美元的环保款，协助北京铜厂与伯雷希市钢厂打官司。我曾帮助国内引进空调、冰箱第一条生产线，以及大理石采掘机、布厂的无线织机等多个项目，未收取任何费用。我经常自己贴钱帮他们跑项目，帮他们在国外洽谈、联系。多少年后，叶正大将军宴请我时还笑谓："视金钱如粪土，硬是不要。"在我看来，爱国就要用实际行动去为国家和人民做实事。我时刻牢记父亲的教诲："富则兼济天下，穷则独善其身。"

1984年，我带头发动侨胞组建了罗马第一家侨团——罗马华侨华人联谊会。我还带头组建了"旅意安徽华侨、华人同乡会"，安徽同乡会做了很多侨民急需的工作。后来协助福建籍、上海籍侨民组建"福建同乡会"、"上海同乡会"，以及许多商会组织。我还创办中文学校、中文刊物和报纸。

几家餐馆的生意红红火火，我用赚下的钱于20世纪90年代陆续在国内投资，我投资的公司有芜湖独资"曹氏工艺品"有限公司、江苏如皋泰克马球盆景有限公司和北京怀柔华泰化纤有限公司等。

在使馆的帮助下，我与意方的交流也与时俱进，与意大利总统、议长、总理等各级官员都有交往。

1992年，在我的协助下，中国警方代表团访意、学习。1993年，意方也组织了警方代表团来华访问。

我与几届国家最高领导人都有合影。我年年受邀出席在人民大会堂举行的国宴。

1997年后，我儿子曹阳另创公司。我无一知己，没有帮手，得了一场重病。投资于国内的企业因各种原因，都须关闭。我在病中深思未来的路。真是"老骥伏枥，志在千里"，然而精力、财力已感不足。

曹高茂（中间）参加 1997 年香港回归相关活动，与时任安徽省省长回良玉（左)、中华人民共和国驻意大利大使吴明廉（右）合影留念

歐洲時報

祝賀意大利華商總會羅馬商會成立

羅馬商會會長曹高茂先生在成立慶祝大會上的講話

意大利華商總會羅馬商會
董事會成員名單

1998 年意大利华商总会罗马商会成立时《欧洲时报》的有关报道

曹高茂先生出国人生三阶段，中为刚刚出国时的护照照片，左为在意军事区开饭店被驱逐出境时的照片，右为 1999 年近影

1999 年，我创办《新华时报》，那是我最后的发力。

2009 年，胡锦涛总书记访意。蒙使馆安排，总书记接见全意侨民合影时，我及儿子曹阳、侄子曹传豪等共 50 多人受到接见。

访意期间，胡锦涛总书记与意方签约，约定于 2010 年在意大利举行中国年文化活动。我为此做了一些力所能及的工作。

2012 年，曹高茂先生患癌症治疗期间接受安徽电视台记者采访时留影

2011年8月份，我在罗马接待完中央民族乐团，忽感身体不适，经查我患有霍奇金三期恶性瘤，来势太迅猛，即返回国内就医治疗，与病魔抗争，经12次入院化疗，方痊愈。

在此，我对各位领导的关心和爱护表示万分的感谢，我将在有生之年多为国家和社会尽自己一份努力。

在北京参加和平统一促进会时，曹高茂与国务委员刘延东合影

曹高茂与全国政协原副主席、金陵协和神学院院长丁光训合影（摄于2002年）

拳拳爱国心[①]

——陈高潮　口述

被采访者简介：陈子实，男，原名陈绍绪，新加坡归侨，1902年出生于江苏徐州，1925年前往新加坡，从事教育工作。1932年为了调查抗日前线的实际情况，以《星洲日报》（新加坡《联合早报》前身）记者的身份并受华侨商会的委托回国，辗转前往东北抗日前线，从事调查采访活动。1933年2月牺牲于宁城县老局子，是抗日战争中第一位牺牲于前线的华侨记者。

口述者：陈高潮（陈子实之孙）

采访时间：2012年5月5日

采访地点：安徽省滁州市国际酒店

采访者：刘军军　崔　亮

整理者：刘军军

祖父陈子实，原名陈绍绪，1902年出生于江苏徐州。曾就读于铜山第六高等小学，后与其老师和同学去南京创办建业中学，在那读书兼办校务。他为人正直、公而忘私，为该校的柱石。后到北大哲学系旁听，因家里供应不起，又返回铜山师范从事教书工作。

---

① 陈子实是一位牺牲于抗日前线的归国华侨，其事迹悲壮感人。以下是根据其孙陈高潮的口述及一些文字材料整理而成。

一

1925年，我祖父受一位好朋友的约请，只身赶赴南洋，辗转到马来亚，先在马来亚的霹雳中学担任校长一职，后又到由当地华侨筹资兴办的星洲养正中学担任教员。在养正中学，祖父亲眼目睹了学校的腐败，于是条陈改革之见，结果触怒校方，竟被革职。我祖父到南洋之初，曾经打算把以前教学所得的积蓄凑到一起，作为旅资和学费，赴欧留学，但是后来目睹帝国主义殖民政策的残酷、华侨所受教育的贫乏以及文化的幼稚，特别是被学校革职，促使他下定决心，尽其积蓄，到马来亚各地调查南洋中小学教育及文化实况，寻求当地中小学教育改革的良策。

在此期间，他撰写了《英属马来亚之教育概况》、《南洋文化建设论》、《南洋华侨求学问题》及《大家负起南洋文化建设的责任来》等文。在南洋教学期间，他常在《星洲日报》（现新加坡《联合早报》）上发表文章，并成为该报的特约记者。应该说，我祖父当时作为一个贫困青年，为了华侨群体公益而不懈努力，为华侨子弟前途而呕心沥血，因此受到当地华侨和商会的肯定和钦佩。

二

1931年“九·一八”事变后，蒋介石实施不抵抗政策，所有军队撤回关内，东北人民开始自发组织义勇军抵抗，但敌强我弱，义勇军又特别缺少军械、弹药和军需物资。而另外一方面，过着奴役生活的海外侨胞急盼祖国的强大，进一步把希望寄托在义勇军身上。新加坡侨胞和商会主办的各行各业及个人纷纷捐款、捐物送回国内。然而这些物资寄回国内后，却多数

落入国民政府官僚的私囊，真正送达义勇军之手已寥寥无几，因此，在这种局势下，新加坡侨胞强烈要求和呼吁，选派专人回国进行考察，为组织直接援助做好准备。在这种情况下，我的祖父众望所归地被推选为回国考察的代表。

1932年夏，祖父以《星洲日报》记者身份并持有新加坡华侨商会介绍信回国。结果回到南京后，国民政府不予接待，于是祖父不得已寻求旅馆住宿，后又租房居住。经过3个多月的反复交涉，国民政府才发给其介绍信。同年的初冬，他回到了徐州，和阔别7年的妻儿相聚一周后，又匆匆赶赴北京。当时东北元老朱子桥先生（曾任广东省长），为挽救三省危亡，在北平组织义勇军后方总部，他十分欢迎祖父的到来，并与祖父商定，祖父可以一边在北京访问，一边寻找去东北义勇军营地的路线。在此期间，祖父不忘本职，写了不少文章，并及时邮回《星洲日报》进行刊载和报道，使广大南洋侨胞及时了解了义勇军的抗战情况。

期间，祖父曾致函《星洲日报》经理林霭民，信上说："自投虎口危则危矣，然为我三千万同胞计，杀身救国，义不容辞！"1933年，祖父在山海关失守后的一个晚上，在顺承王府约见华北军事负责人张学良将军。张学良将军对我祖父说："日本帝国主义贪而无厌，危及华北，我军尽力抵抗，已尽军人天职。"并送上其亲笔签名的大幅相片。

三

由于当时战火迫在眉睫，祖父决定提前去东北边城朝阳查看情况，不料在宁城县老局子这个地方突然碰上敌军，祖父奋起抵抗，但终因寡不敌众，负伤被俘。日军搜出了祖父的证件，得知祖父的职业后，加上平时日军一直对揭露其暴行的记者恨之入骨，惨无人道地对祖父实施挖眼、割舌、割鼻，我的祖父就这样不幸壮烈牺牲。

1986 年 10 月，我父亲陈松涛，时任安徽省淮北市政协副主席兼市委统战部部长写信给宁城县委统战部，请求他们帮助在老局子地方寻找我祖父的坟墓和遗骨。

经老局子当地逯生、逯德清等老人的回忆，1932 年农历腊月，他们看见从老局子东小河上走下一个双眼被挖去、鼻子被割下来的人，走到南沟口后伤重死去。当地一个绅士叫高秀山的在看了祖父身上遗留的介绍信和证明文件后，知道他是爱国归侨，便让崔振起、赵小邦将祖父遗体埋在河东双岔子沟边。由于河道几经迁移，到现在已经无法找到祖父埋身之处了。祖父牺牲后几个月，义勇军旅长韩凌阁率队经过老局子，高秀山遂将文件交给了韩旅长，韩回到关内后，写信到北京，将有关情况说明清楚，一年以后，信件方才转到我的祖母手中。

陈子实生前照片

我父亲陈松涛对于祖父的遭遇和壮烈牺牲一直铭记于心，

却始终苦于没有证据说明。后经多方努力，与宁城县委统战部、新加坡南洋华侨中学及《星洲日报》社取得联系，新加坡南洋华侨中学校长杜辉生出具证明，报社提供了当年祖父牺牲后由其生前好友等人在《星洲日报》上刊发的一系列悼念文章，一些文史工作者也为此付出了努力，最终祖父于20世纪90年代被追认为烈士。据文史工作者称，他是全国第一位牺牲在前线的华侨记者。后人所做的这些，也算是对其拳拳爱国之心、献身祖国解放事业的一个交代。

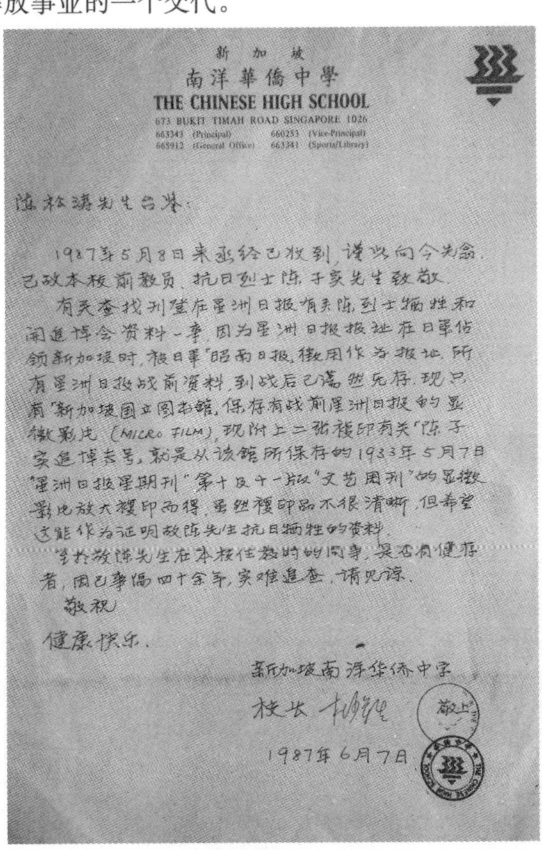

新加坡
南洋華僑中學
THE CHINESE HIGH SCHOOL
673 BUKIT TIMAH ROAD SINGAPORE 1026
663343 (Principal) 660253 (Vice-Principal)
665912 (General Office) 663341 (Sports/Library)

陈松涛先生台鉴：

1987年5月8日来函经已收到，谨以向令先翁、已故本校前教员、抗日烈士陈子实先生致敬。

有关查找刊登在星洲日报有关陈烈士牺牲和开追悼会资料一事，因为星洲日报报址在日军占领新加坡时，被日军"昭南日报"徵用作为报址，所有星洲日报战前资料，到战后已荡然无存。现只有"新加坡国立图书馆"保存有战前星洲日报的显微影片（MICRO FILM），现附上二张複印有关"陈子实追悼专号"，就是从该馆所保存的1933年5月7日"星洲日报星期刊"第十及十一版"文艺周刊"的显微影片放大複印而得，虽然複印品不很清晰，但希望这能作为证明故陈先生抗日牺牲的资料。

至於故陈先生在本校任教时的同事，是否有健存者，因已事隔四十余年，实难追查，请见谅。

敬祝

健康快乐。

新加坡南洋华侨中学

校长 杜辉生 敬上

1987年6月7日

1987年新加坡南洋华侨中学致陈松涛的一封信

我平凡而伟大的日本母亲

——陈礼秀　口述

被采访者简介：陈礼秀，女，日本归侨，祖籍安徽，1929年出生于日本千叶县，日本姓名为千代子。1938年回国，1951年当上教师，1952年因被认为是“国际间谍”而被开除公职，一直代课到1958年，1962年方才转正。1982年起，先后任安庆市侨联第一届副主席兼秘书长、第二届副主席，连任3届安庆市人大常委、政协常委，1995年退休。

采访时间：2012年4月25日

采访地点：安徽省安庆市被采访者住所

采访者：董　岱　韩丽丽

整理者：董　岱

一

我的父亲叫陈扬虎，出生于怀宁县秀山乡土桥村大纪庄。小时候家庭很贫困，父亲很小的时候双亲就去世了，他一直跟着叔叔干农活，15岁时随同乡人到上海做帮工谋生，后来又在亲友的帮助下辗转到日本东京、大阪、神户等地做厨师，在横滨期间当选为皖江同乡会会长。

父亲在横滨工作期间遇到了我的母亲。母亲原籍日本，日本名字叫末吉力，中文名陈宽，出生于日本国千叶县大多喜町的一个农户家庭，当时家境也非常困难。她兄弟姐妹10人，母亲排行第四，由于人多家贫，勤劳的母亲只身一个人到横滨做

工。就是在那里，她遇见一个年轻的中国人，也就是我的父亲，在不断的交往中，母亲逐渐爱上了这个机灵有智慧的年轻人，这在未吉家族中引起了轩然大波，外祖父母极力反对，大舅未吉七郎带头横加指责，认为“我们日本人怎么可以和支那人结婚呢”？这使母亲在家中已无容身之地，但是父亲和母亲产生了感情，在逆境中养成了坚忍不拔性格的母亲不顾家里人的反对，毅然在1926年和她深爱的中国男人——我的父亲结婚了。

婚后，日子虽然过得很窘迫，但是父母恩爱有加、其乐融融，我们兄弟姐妹4人先后降生了，我排行老二，应该说我的童年和少年是欢乐而幸福的。然而风云突变，1937年日本发动侵华战争，中国驻日本大使许世英动员华侨回国，父亲曾是日本横滨皖江同乡会会长，他毅然决定返国，这在未吉家族中又一次掀起了风波，我母亲让我父亲先回国探查情况，于是我的父亲就带着我的哥哥和弟弟先期离日回国，而我和母亲则只好留在外祖父母的家中。未吉家族的人以为这次远隔重洋的生离会自然地隔断拆散父母亲，让他们彼此天各一方，谁知母亲仍然念念不忘父亲，时常牵挂着，以至于天天以泪洗面，大舅父在家族中暴戾发横，常骂母亲：“一个日本女人，就嫁不到人吗？非要嫁给支那人，给家里人丢脸面。”好在外祖母和姨娘常在一旁劝慰，母亲是一边忍受着家族亲人的责难，一边又异常思念着远离的丈夫和骨肉；　边眷念生她养她的祖国，一边又时时牵挂着她未曾去过的陌生的异乡。1938年，我上小学二年级的时候，母亲终于哭别了她的祖国，哭别了在横滨港码头相送的五姨母未吉藤子，踏上了去往异国之路。谁又能料到这次竟是母亲与她的祖国和亲人的诀别，母亲从此再也没能回到日本，回到自己的故乡了。几天后，在上海码头，父亲带着哥哥和弟弟迎接我们，我们见面后相拥而泣，我用日语告诉父亲：“妈妈每天都哭喊哥哥和弟弟的名字。”父亲也说：“你的哥哥和弟弟每天也哭着要妈妈呀……”母亲更加恸哭不已，此情此景，至今仍记忆犹新，尤其是母亲那双哭红的泪眼，令我如今都难以忘怀。

陈礼秀外婆家坟地

母亲踏上了异国的土地，开始了她新奇而陌生的人生之路。在安庆，母亲终于有了属于她自己的小家庭，有了一个中国名字——陈宽，并以这个名字命名，开了一家“陈宽商店”。妈妈一共生了10个孩子，在日本生了4个，到了中国后又生了6个，一家人在一起生活得和谐而又幸福。然而，母亲的内心是痛苦的，那时的中国，满目疮痍，到处都燃烧着日本侵华的战火，而纵火者竟然是她的同胞，母亲唯恐中国人误解她，真诚地对待身边的每一个中国人，极其友好。母亲常对别人说：“这些侵略者太残暴了，我和他们不一样。”母亲耻于侵略者的暴行，以自己的善良和同情、人道和良心关心着中国人民的抗战。她身在中国，也就把自己的命运同中国人紧紧连接在一起，为了中国的抗战大业，母亲默默地作出力所能及的贡献。

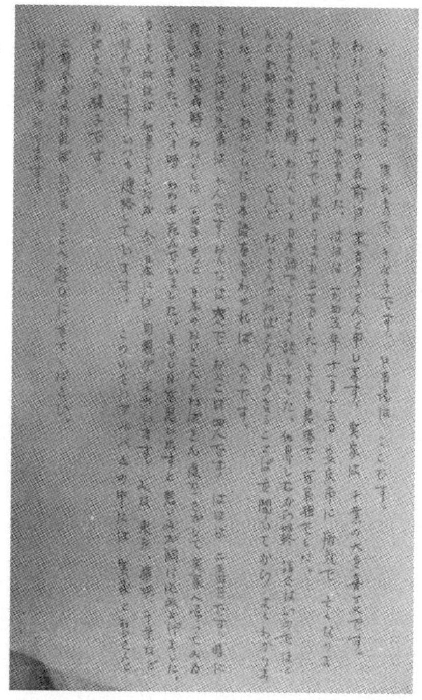

陈礼秀丈夫为其写的日文自我介绍

二

日军占领安庆后，为非作歹，大肆抓人。那时候正是全民抗战、国共合作的非常时期，作为一个弱女子，尤其是异国女性，对于身边人的受难，她格外给予人道的关怀和援助，以自己是“日本人”这一特殊身份，经常不顾个人安危，从日军虎口救出被捕的中国人，其中有共产党员，有国民党员，也有普通老百姓。比如人称蔡聋子的国民党安徽省保安处要员蔡慎初，1939年左右，被日军关押在安庆宪兵队，我的父母亲受到后方友人之委托，趁其身份未暴露之机，母亲出面担保。为进一步迷惑日军宪兵队，让蔡寄居在我家，并替他娶妻完婚，当时父母将全家性命都押在上面，担惊受怕数月，后国民党接蔡绕道去后方立煌县（今金寨县），再转至重庆，终于平安脱险。此举在当时引起很大的震动，至今在台湾影响犹在，台湾有关刊物还刊载了有关蔡慎初是如何被捕、如何脱险的文章，但是后来在大陆，我父亲因此而受牵连，被说成是“特务”分子。

此外，我的母亲还救过我军抗日将领和战士，如某营营长张曼秋等。1952 年暑假，我从乡下回到安庆，当时街道委员会主任找我说：“5 月份有两位解放军战士到街委会寻找你的父母及子女的下落，感谢在抗日战争时期你父母把他的首长从日本人手里救出去。”但是很遗憾，这位主任没有记住两位解放军同志及其首长的名字和军队番号。时过境迁，人事已非，如今已经很难核实了。母亲在抗战烽火中，以羸弱之身虎口救人，至今仍在许多熟知内情的老人们中交口称道，广为传颂。

母亲在她的异乡得到了理解，然而却在她自己的故乡受到了责难。母亲从安庆寄到日本的信函，每去一封，外祖父及大舅便破口大骂，把信一片片撕碎，好在母亲有宽厚的心胸和精神寄托，她和我们生活在一起，还是很舒心的。

真是命运多舛，抗日战争刚刚胜利不久，母亲就不幸患病，继而在安庆家中去世，年仅 39 岁。当时我父亲被国民党当做“汉奸”，关在看守所。家里很乱，因为我家房子很大，有很多军队住在我们家。1949 年 2 月，母亲被移葬于怀宁县秀山乡栢枝庄山（父亲的老家在此），下葬后几天，方圆十余里的乡亲扶老携幼来给母亲烧香磕头，大家纷纷称赞母亲是善良正直的人。

母亲走了以后，我们家开始衰败，哥哥弟弟离开了家。

陈礼秀（第一排左一）在其母亲坟前

三

日寇无条件投降以后，依照肃奸条例，凡是敌（日寇）伪（汪精卫政府）作恶者均应逮捕，送军法处治罪。我父亲为求生存，被迫兼任日本物资交管所翻译，虽无汉奸作恶事迹，但与日寇间存在服务关系，自不能例外，唯以营救蔡先生有功，依例应免刑责，所以报军统局查案澄清我父亲为营救蔡慎初有功人员，请求不起诉处分。但那时候战乱日益扩大，证明文件及处理意见在法院和军统局间辗转延误，导致我父亲受到无辜牵连。

1984 年，我去了日本，和日本亲人聊天，我止不住地哭，他们也哭，他们哭是因为觉得我妈妈离开日本和亲人分散了，在中国受了很多的苦。每当我们回忆往事时，我们都痛哭不已。我的小舅舅怕他们日本人的身份连累我受苦，就问我：“日本人战败之后，听说中国人打日本兵，那你和你妈妈被打了吗?”我说：“没有，因为我父亲是中国人。”

陈礼秀日本亲人合影照

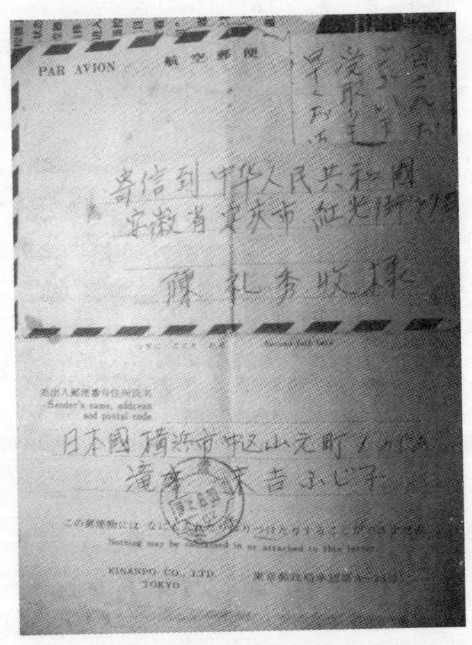

陈礼秀与日本亲人的信件

四

我于1951年开始工作，当教师，1952年被开除公职，因为我被认为是“国际间谍”，只能一直在学校里代课。那时候非常困难，我先生去“劳改”了，大孩子才三四岁，小孩子也很小，我一个人要带这些孩子。我一直代课到1958年，我多次找当地教育局说明我的情况：“我弟弟是部队干部，参加过解放海南岛战役”，1962年，也就转正了。后来，也就是1982年，安庆市要成立侨联，而担任侨联主席、副主席的必须是归侨，这个政策性很强，我正好具备这个资格，先后任安庆市侨联第一届副主席兼秘书长、第二届副主席。到侨联工作后，大概是1986年，我写了一份报告给市委组织部，要求承认我1951年以来的工龄。市委组织部给我的答复是我的工龄应该从1951年算起，这样算是给我彻底平反了。后来的生活就好了，我当上了市侨联副主席，连续任3届市人大常委、政协常委、妇联兼职执委、市海外联谊会副会长。我在1995年66岁的时候退休，工龄正好45年。退休之后，只要有需要我的地方，我还会去做力所能及的事情。汶川大地震时，我刚因癌症动过大手术，获悉地震灾情后，也是悲痛不已，主动捐款两百元。

陈礼秀（前排中间）出席安庆市第一届归侨侨眷代表大会

五

我有 3 个女儿。我的大女儿初中毕业参加黄梅剧团的招考，几百人参加考试，她通过了考试。黄梅剧团到我们学校开具政审材料，却被告知，“她们家不是 3 代贫农，她女儿是才子佳人相，绝对不能录取。”她又参加京剧考试，还是因为政审不能通过而不被录取。现在好了，改革开放以后，我丈夫的问题也平反了，但是遗憾的是平反不久，他就去世了，没有享受到现在的好生活。大女儿也入党了，在安庆市有名的学校当副校长，退休后被外国语学院返聘。大女儿、大女婿的孩子，也就是我的外孙女研究生毕业，分在上海宝钢法务处工作。小女儿的孩子从安大毕业后考上人大研究生，现在是中央人民广播电台中国之声时政记者。我的小弟弟也是共产党员，我自己则参加了民盟，取得高级政工师资格。

陈礼秀全家福（前排左一）

陈礼秀外祖父家

陈礼秀母亲母校全景

因为我妈妈兄弟姐妹共 10 个，所以我在国外的亲戚很多。1984 年 4 月，我的舅舅和两个姨妈到安庆来了，到我妈妈的坟前拜祭她。他们的感想和我的感想不一样，当时我们去合肥接他们，经过舒城时，正好在修路，车子开得很慢，他们所看到的到处都是很破的草屋，觉得我们过得不是很好。现在好了，党委、政府对我们很关心，逢年过节都来看望、慰问我们，日子和以前相比是越过越舒心了。1945 年，我还加入了安庆市天主教，1999 年当选为安徽省天主教教务委员会副主任至今。

2005年11月陈礼秀（中间）与同事合影

点滴之间，默默奉献

——陈淑玉　口述

被采访者简介：陈淑玉，女，泰国归侨，祖籍广东。1933年1月5日出生于泰国，8岁时回国，中专学历。1957年11月8日参加工作，曾两次获得“北京市东城区社会主义大跃进青年积极分子”称号。1962年被合肥工业大学后勤处评为“社会主义建设五好职工”。1988年退休，1992年被评为“机械电子工业部离退休干部先进个人”，1995～1996年被评为“关心下一代先进工作者”，2009年7月又被离退休工作处评为“优秀共产党员”。

采访时间：2012年4月24日

采访地点：安徽省合肥市被采访者住所

采访者：朱　晖　吴　青

整理者：朱　晖

一

1933年1月5日，我出生在泰国。华侨当时在国外受到排挤，生活、事业都受到严重的影响，许多华侨被迫放弃事业，回祖国发展。随父母回国那年，我8岁。

我父亲叫陈马秋，开始时到越南打工，随后到泰国做点小生意，并把我母亲许赛兰接了过去。我父亲一生热爱公益事业，每次回国都要捐款捐物、扶弱济贫，在他的故乡受到广泛的好评。我父亲做米行生意，母亲在家里辛苦养了十几头猪。我兄弟姊妹 7 个，五男两女，由于种种原因，老大、老二、老七相继病故，只剩两男两女。父母爱子心切，把小孩送到广东老家定居。那时上学挺困难的，上初中的时候住集体宿舍不回家，生活费一个月才 8 块钱，后来还要出来租房子住。20 世纪 50 年代没有脸盆，我们 3 个女同学就合用一个小木盆当洗脸盆，也没有热水瓶。时过境迁，如今各种商品一应俱全，对比当下，幸福感油然而生。

我弟弟是中共党员，在上海造船厂工作。我姐姐是工人。父亲把我哥哥陈和来带到泰国做生意，哥哥就在泰国定居，现已加入泰国国籍。我丈夫家里更苦，他父亲在印尼去世了，母亲在外面要饭饿死了，有个妹妹给人家做童养媳。那段日子，不堪回首。

二

我读完中专，于 1957 年 11 月 8 日参加工作，1954 年 6 月 23 日入团，1987 年 4 月 29 日加入中国共产党。

1956 年 10 月，我考入北京市五棵松建筑工程局干校，担任团支书。1957 年因为要裁减人员，我被分配到北京市安定医院精神病院工作。我一直努力工作，因表现好，受到领导重视。1958 年、1959 年两次荣获“北京市东城区 社会主义大跃进青年积极分子”称号，还被评为“东城区医务界青年积极分子”。

我爱人最初在北京煤炭工业部教俄语，1961 年合肥工业大学扩建后，他被调来合肥工业大学任教。我随后也被调到合肥工业大学医院工作，一直工作在护理工作的第一线。1961 年 9 月至 1962 年，我被合工大后勤处评为社会主义建设五好职工。1969 年 9 月响应国家号召，我被下放到安徽六安市寿县三觉区余集公社岗西队，接受贫下中农再教育。20 世纪 70 年代，大队成立合作医疗站。在大队党支部的领导下，我和几位医生共同

负责医疗工作。我给贫下中农看病有 6 年多，没有出现任何差错，得到了当地百姓的认可，并与他们结下了深厚的友情。

1976 年，我农村锻炼结束，回到合工大校医院继续做护士工作。1983 年、1985 年两次被评为“后勤先进个人”。1988 年 3 月退休后，因工作需要和领导信任，在当年 4 月被聘为合工大医院考勤员和询问处工作人员，一直工作到 2000 年 12 月。

1973 年 10 月，陈淑玉（第二排右起第一人）参加六安地区上山下乡先进个人、集体表彰大会时与先进代表合影

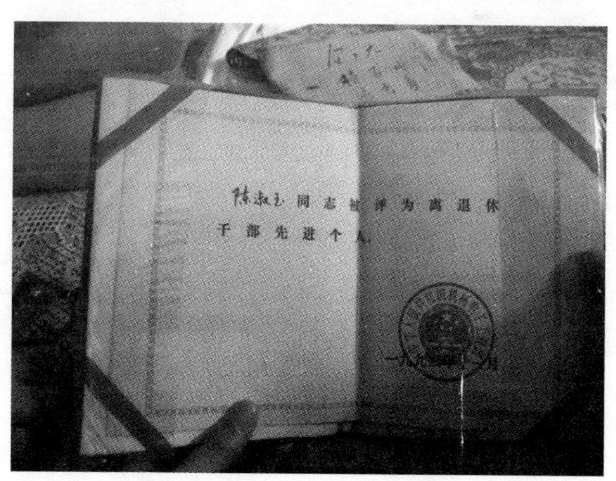

1992 年，陈淑玉被机械电子工业部评为离退休干部先进个人

1991 年和 1994 年，我两次被中共合肥工业大学委员会评为退休人员优秀共产党员，1992 年被评为机械电子工业部离退休干部先进个人，1995 年至 1996 年被评为“关心下一代先进工作者”。2009 年 7 月又被离退休工作处评为优秀共产党员。

三

我一直向党组织靠拢，我也听党课，下放农村时，我曾写过入党申请书，1973 年正式填写入党志愿书，但是因海外关系没被批准。材料转到合工大后勤处党支部后，我继续不断写入党申请书，经过 20 多年考验，终于在 1987 年 4 月 29 日成为中国共产党员。我工作 30 多年，一直听党的话，服从党的领导和分配，我也比较热爱本职工作，工作主动积极，任务完成得好。一直在第一线为人民服务，工作时期，经常提前 20 分钟上班。此外，经常利用休息时间到病人家里为他们治疗。在精神病院，经常为病人打扫卫生。我爱院如家，如果发现什么问题，会及时向领导提出，因此赢得了领导的信任，1988 年办理退休手续后，领导又找到我，返聘我回学校继续工作。

“赠人玫瑰，手留余香”，帮助别人的时候，我也收获了信任和感动。记得有一次，学校王光辉同学因左手受伤打石膏一个月，医生叮嘱打青霉素静滴 3 天。王同学当时行动不便，我就主动帮他取药送到他病房，他激动得几度哽咽；记得精密仪器系的刘辰同学的父亲来院里看病，突然头晕，我发现后，马上请医生来看病，及时输液，使其转危为安。有的同志生病，不能上夜班，我主动替她上夜班；有的同志家里的老人突然生病，我也去帮助他顶班，在工大的几十年，只要同志有困难，我都主动帮助。就这样，点滴之间，我默默地奉献，受到同事的称赞，与他们共同营造了和谐融洽的工作氛围。

三

退休后，我坚持力所能及地奉献爱心，从不间断。2006年开始连续6年向安徽希望工程捐款。我经常看安徽的“第一时间”节目，了解到很多事情，2005年，在“第一时间”看到了“映山红”爱心行动，我就积极参与进来，并坚持捐书捐了8年。当时，许多老人带着孙子去捐书，也有很多学生去捐书，这个活动对支持贫困地区教育、对培养下一代很有意义。我们这一代经过很多运动和变革，吃过很多苦，更能体会在艰难困苦的环境里多一份爱心和鼓励，或许就能救助一个孩子，为国家培养一个人才。我们是从农村出来的，应该多关心贫困地区的下一代，我们虽然老了，但做奉献是没有年龄界限的，只要我们能做，我们就会坚持下去。

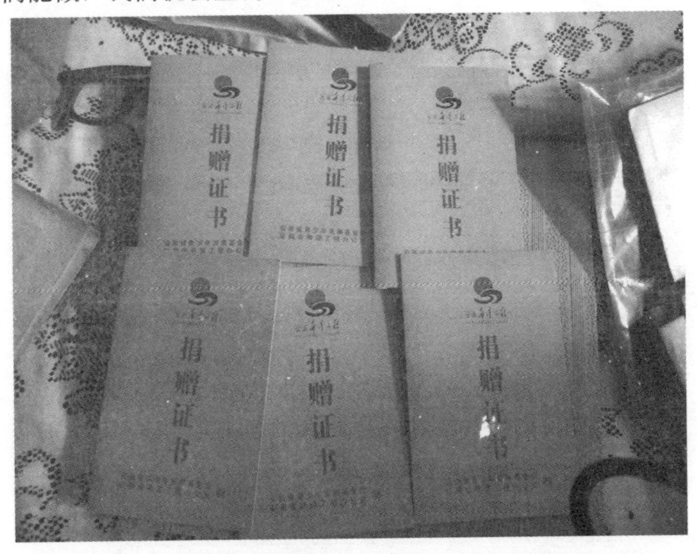

陈淑玉老人坚持常年为希望工程做贡献，图为安徽省青少年发展基金会和安徽省希望工程联合颁发的部分荣誉证书

“做好事不难，难的是一辈子做好事”。平时关心左右邻居，为我赢得了良好的人缘。现在我常常参加党员学习活动，发挥党员先进模范作用，支持学校和社区工作，把基层工作做好，营造和谐的社会环境。我3个孩子都很孝顺，他们都有自己的事业。我和老伴就把省下的钱都捐赠了，帮助那些急需帮助的人。当得知《背起妈妈上学》那个感人故事后，我和老伴就去看望那位妈妈，鼓励他们勇敢地面对生活，为他们送去了被子、衣服和钱，那个受助的金书家同学还特意来我家道谢。我还去过安大、安医大，帮助过许多贫困的学生，受助的学生也懂得感恩，许多同学都写信给我，聊聊他们的学习和生活。有的同学通过努力，现在工作得都不错，看到他们生活得好，我也感到特别欣慰。

四

侨联一直挺重视我们的，组织开展丰富多彩的活动，每次都邀请我们参加。合肥工业大学侨联成立后，我还担任过委员。我会秉承华侨一贯爱国爱乡的传统，发扬侨界乐善好施的美德，为社会主义和谐社会的建设贡献一份力量。

1991年，陈淑玉被合肥工业大学评为优秀党员

从内心深处感谢祖国

——陈淑真　口述

陈淑真近照

被采访者简介：陈淑真，女，印尼归侨，祖籍福建泉州。1948年11月出生于印尼泗水，1960年回国。1967年参加工作，任泉州五星造纸厂检验员。1980年调到中铁四局淮南建筑处，先后在建筑处幼儿园、电话所工作。1996年病退。曾多次荣获中铁四局系统“三八红旗手”、“先进工作者”等荣誉称号。

采访时间：2012年8月7日

采访地点：安徽省侨联接待室

采访者：谷　新

整理者：谷　新

一

1948年11月，我出生在印度尼西亚泗水地区。当时家境比较殷实，有一幢独立别墅，还使用了两个佣人，小时候，有奶妈专门照顾我。

我家是从父辈一代到的印尼。我叔叔上世纪30年代末先到印尼创业，事业稳定后，就把家里的亲戚带到那边发展。我父亲来到印尼泗水后，他先是与叔叔一起打拼，后来发展得不错，就自己创业，创办了大米、油料加工厂。在我的记忆中，那时父亲的厂里有几十个工人，生意非常红火。

我母亲出生在印尼，祖籍广东，在我父亲创业的时候，与我父亲结婚，成为我父亲的得力助手。父母生育了我们姊妹三人，我有一个姐姐和一个弟弟。我父亲非常爱国，身在国外，总是惦念着祖国的发展，他一生都保持中国国籍。在他的意念中，人总要“叶落归根”。但天未遂人愿，上世纪 70 年代中期他突发疾病，病逝于印尼。

陈淑真父母早年在印尼泗水合影

回国以前，我在印尼泗水同善学校学习，这是当地唯一一所中文学校，学费非常贵，但父母从未因为学费问题让我错失良好的教育。按照印尼政府的要求，所有中文学校每周都要安排几节印尼课。我的中文得益于学校和家庭的双重学习，父亲在家教我闽南语，在学校里我学习普通话。蒋介传和苏爱华两位老师先后担任我们班语文老师，他们像对自己的孩子一样爱

护我们，也像朋友一样与我们交流相处。每当忆起那段快乐的学习时光，许多场景仍历历在目、激动不已。在我回国时，我的老师们还到码头送别，那一幕犹如昨日。

当时，印尼排华排得比较严重。为了让孩子能够继续他们的学业，许多家庭都把适龄孩子送回国接受教育。1960 年，在我 12 岁那年，我父亲带我和姐姐坐上了回国的轮船。

经过一周时间的航行，我们抵达汕头港，在那里办理了回国手续，汕头市侨联接待了我们。与我们一同归国的华侨，少数被分回原籍，大多数被安排到华侨农场。我们本是要分配到海南华侨农场的，父亲考虑到我们年龄太小，就把我们带回泉州老家，托付给我大妈照顾。父亲为我们联系了学校，等一切安排妥当，他就返回了印尼。

父亲病逝后，弟弟一直跟着妈妈生活在印尼。弟弟接管了爸爸的生意，现在发展得还可以。我妈妈如今已经 80 多岁了，我身体不太好，也一直没能去看望她。不过，我姐姐常常去印尼看望妈妈和弟弟。由于弟弟不会讲中文，我们现在不能交流，每次互通电话，姐姐就成了我的翻译。一家人天南海北，天各一方。好在现在的通讯很方便，想他们了就通个电话。

如今，我弟弟一家、舅舅一家、堂兄弟们还生活在印尼，发展得都不错。有的做贸易，还经常来往于印尼和中国之间，不时地与他们能见上一面。

二

我和姐姐在大妈家住下后，她待我们像亲女儿一般，所以，我们没有失落的感觉，像在自己家里一样，很快适应了这边的生活。我和姐姐进了父亲事先联系好的学校——泉州凌霄中学学习，我在那里读完了初中。那时候国内实行计划经济，买东西需要各种票，很多生活必需品都很紧俏。国家当时对归侨还是有优惠政策的，记得我们的票要比其他人都多一些。父亲怕我们不够用，还经常从印尼寄东西回来，所寄的东西，包括饼干、糖、油等国内紧缺的物资。所以，我们的生活还算相当不错。后来，在我读高二的时候，“文化大革命”开始了。在那个特定的时期，我堂哥给我父亲写信说：“家中生活勉强能过，不要再寄东西回来了，不然会给两个妹妹带来不必要的麻烦。”父亲就不再寄送东西回来，但对我们有了更多的牵挂。因为我家有海外关系，我堂哥考大学时受到影响，他就提前放弃了学业，开始工作挣钱、补贴家用了。

“文革”开始后，学就没法上了，很多学生去串联，到处跑。我的学习就此中断，再也没有回学校读书。

1967年，按照国家对华侨的优惠政策，我被分到了泉州五星造纸厂工作。那厂子当时规模挺大的，有几百个工人。我被安排做检验员，工作还是比较轻松、干净的。

上世纪70年代初，经我爱人的姐姐介绍，我和我爱人相识。我与他姐姐是街坊，彼此熟悉。在交往中，他姐姐感觉我不错，就给我们牵线了。

我爱人当初在厦门当兵，后来转业到福州铁路局工作，负责炸药库保卫。在“文革”期间，他遭受了巨大的痛苦。“文革”开始时，为了炸药库的安全，他连夜带着几名战士把炸药埋在地下，保证了人民生命财产的安全。红卫兵中的激进分子没有找到炸药，就把我爱人用铁丝捆了起来，吊在树上，手上还绑了两桶水。后来，在一个红卫兵的帮助下，他才得以逃脱，但手上留下了一道深深的印痕，很久没有愈合。

我结婚的时候，还在“文革”期间，一不小心就有可能被批斗。我们拍了个合影，领取了结婚证，家里简单地布置了一下，偷偷宴请了几个亲友，连各自的同事都不敢告诉。就是这样最最朴素的婚礼，我都感到无比的幸福。我爱人在家待了十几天，就回单位上班了。

1971年，我女儿出生了。两年后，我儿子也出生了。

1980年，我爱人受单位指派出差，顺便送几个刚参加工作的年轻人回家探亲。我爱人不放心他们，坚持把他们送到家。返程时，铁路线塌方。他只好转车，在途中等车时，突发疾病，不幸去世。那时他只有三十几岁，我们连最后一面也没见上。我听到噩耗，感觉天都要塌了。我们感情特别好，我一直不敢相信这是真的，想着他没有去世，他还会回来。我为他戴孝三年，并发誓今生不再改嫁。在那三年里，我彻底将自己封闭起来，基本上不与别人讲话。后来在家人的劝导下，念及两个幼小的孩子，我才慢慢缓过来，走出我人生最最黑暗的低谷。

陈淑真年轻时的照片

三

1980年7月，也就是爱人去世后不久，爱人的单位看着我带两个孩子很不容易，就照顾我，安排我到铁路系统工作。家人也为了让我换个环境生活，同意我调动。我就在组织的安排下，来到了中铁四局淮南建筑处，在建筑处下属幼儿园工作。后来，调到建筑处电话所负责总机接转工作，直到退休。家人看我一个人带两个孩子确实不易，我大嫂就把我儿子接回泉州，我一个人带着女儿生活在淮南。单位比较照顾我，还分给我一套住房。

1996 年，我得了青光眼，视力模糊，就办理了病退。在中铁四局工作期间，我先后荣获过“三八红旗手”和“先进工作者”荣誉称号。

女儿在淮南读完了小学和初中，以优异成绩考上中专，学习医学。毕业后，分配到淮南铁路三处医院。1993 年，我女儿成家了，女婿也在铁路系统工作，非常优秀。1997 年，我外孙女出生了。不久后，我女儿、女婿一起调到石家庄铁路分局工作，我就跟他们去了石家庄。我一直把外孙女带大，如今，她已经读高二了。

儿子被我嫂子接回泉州老家后，直到他读初中，我才把他接到淮南铁三处中学读书。后来他考入合肥铁路中专学校，学习物资管理专业，毕业后分配到了中铁四局合肥分局工作。儿子于 2007 年结婚，儿媳在中铁四局医院做护士，也非常能干。我从石家庄回到合肥后，经常帮儿子、儿媳做做饭。

孩子们都很孝顺，单位统战部和各级侨联组织都非常关照我。我很知足，感觉特别幸福。

“老有所乐”，我认为还要自己找着乐，乐观了，才会有更好的生活。为丰富自己的生活，从 2004 年起，闲暇时，我与老姐妹一起到中铁四局老干大学参加各种活动。前几年，还经常到省老年大学学习声乐。那里精英特别多，有很多知名的艺术家、歌唱家。在那里，我很受启发和教育。我们还组织了一支老年歌唱团，经常参加各种大型活动，平时紧张地排练，演唱像《十送红军》、《和谐中国》、《洪湖水浪打浪》等红歌。前两

年，我们在省红三环体育场演唱，获得了满场喝彩。

陈淑真（二排右五）参加庆祝建党 90 周年红歌演唱会照片

2008 年陈淑真（后排右四）参加中铁四局文化艺术节演出照片

2007 年陈淑真（前排中）参加中央电视台激情广场演出

2007 年陈淑真（右二）参加重阳节“相约夕阳红”合唱

这一辈子走来，从国外到国内，酸甜苦辣都夹杂在一起，特别是中年丧夫之后，承受了别的女人无法想象的痛苦。现在儿女们都过上了好生活，我也能安享晚年。在祖国的温暖怀抱里，我活得很有尊严。国家对归侨的好政策让我的生活有了保障，在我最困难的时候，国家给了我特别的照顾和关怀，让我树立了生活的信心和勇气。我从内心深处感谢我们伟大的祖国。

我现在才明白爱国的内容很丰富

——邓伟光　口述

邓伟光近照

被采访者简介：邓伟光，男，柬埔寨归侨，祖籍广东。1937 年出生，1955 年回国。曾参加过越南战争，后任马钢宾馆经理，曾多次负责接待国家领导人。1997 年退休。

采访时间：2012 年 4 月 21 日

采访地点：安徽省马鞍山市侨联办公室

采访者：王　静　周　蓉

整理者：王　静

一

我出生在柬埔寨，那地方离越南很近，是越南和柬埔寨的交界处，所以我既懂越南语又懂柬埔寨语，可以做越南语的翻译。因为我祖籍是广东，也懂得广东话。我爱人是福建人，福建话我也懂，当然也懂普通话。虽然说得都不是很好，但是都能听懂，也都能当翻译。

我于 1955 年回国，当时只有十几岁。因为当时柬埔寨与台湾当局还有外交关系，所以我们在那里都不敢讲大陆的事情，但是因为年轻、热情、爱国，我们都听说国家解放了，人人都

平等、自由了，生活比旧社会幸福了，所以我们对祖国的生活都很向往，这是我想回国的第一个原因。我想回国的第二个原因是，我有10个兄弟姐妹，我的父亲生前告诉我们5个男孩至少要有一个回国。我想我是家里最小的男孩，我最应该回国，我的哥哥们都已经成家立业了，回来也不方便，所以就这么决定回来了。

二

我和家人过去都很向往回到祖国，说祖国非常好，我们非常爱国。人们也都说我们是爱国华侨，我们虽在国外出生，但我们满腔爱国热情，因为我们的根在国内。现在过了近60年，我才真正知道“爱国”这两个字是不容易说的。

1955年回国时，我是坐大轮船从越南到澳门，又从澳门到的广州。1954年至1957年，东南亚有大批的爱国青年学生回国，国家在广州、北京、杭州、厦门设立了很多专门的接待处，接待回国的年轻爱国学生。我是偷偷回来的，只有父母知道，没有告诉家里的哥哥们，他们都不知道。一离开国外就是几十年啊！前几年才回去看了看，已经有两个哥哥、两个姐姐过世了。当初心里一激动，凭着一腔热血就回了国，回来就不能回去了，不能走回头路了，一走几十年，再也没能见到做了十几年兄弟姐妹的两个哥哥和两个姐姐了，这是我这些年心中的一大遗憾。

回到广州时，我两手空空，等着国家分配学校。当时东西要凭粮票、布票、糖票等才能购买。

在广州等了一个月，我被分配到福建厦门的集美中学念书，集美中学是著名的老侨领陈嘉庚创办的。因为刚回国，我很苦恼，一方面是想家，另一方面是物资短缺。学校给我助学金（每个月13块钱）和伙食费（每个月七块六）。因为有国家的资助，我才能勉强维持生活。接下来我又生了场大病要住院，那个时候才真正体会到爱国的感觉，我回来后，国家帮助我念书、给我饭吃，我生病给我治病，帮我支付住院费。我当时想，我们国家真的不错，假如在国外，肯定没人管我。国家给我助学金给了5年，国家养了我5年啊！后来虽然哥哥知道我回来之后，回国来看我，给我带了好多衣服、布料、钱，但我回国的前5年，是国家养育的我，我一直是有感恩之心的，到现在我还是在内心深处怀着对祖国的浓厚情感。

接下来发生了很多的事情，事件一个接一个："人民公社化运动"、"大跃进"、"大炼钢铁"、"3年自然灾害"。自然灾害的时候，很多人都吃不饱，我吃过米糠、野菜等现在想都不敢想的东西。因为吃不饱，人人都浮肿，那时的日子非常苦，我终生难忘。

三

从集美中学毕业以后，我在厦门侨务局工作了一两年，之后随军去了越南5年。当我再一次回国时，安徽马鞍山钢铁公司（以下简称"马钢"）有越南实习生，我就被派到安徽来了。从1968年起，我就一直留在马鞍山了。到了马鞍山以后，先是被安排到马钢培训越南实习生，这些实习生回越南之后，我就留在了马钢工作。马钢是大企业，下面建有马钢宾馆，我被安排在马钢宾馆当经理。曾有很多国家领导人来马钢视察，我都做过接待服务，曾接待过江泽民、李鹏、朱镕基等党和国家领导人。在这期间，我在马鞍山担任了两届人大代表、政协常委，从我一到马鞍山就开始做侨联工作了。我曾两次被评为省级的行业劳模，在单位年年都是先进工作者。

回想当年，记忆比较深刻的有：随军去越南时曾帮部队打过飞机；曾经参加过北京的国庆观礼团，见过毛主席，不过那

是“文革”期间的事了。

现在我回国已经57年了，也曾经对这个国家有过意见、看法和牢骚，甚至曾经想过离开。但是现在我说我是真正地爱国，因为我和国家一起度过了这么多苦难的日子，这爱国的内容是很丰富的，我们这个国家曾那么困难、那么地穷，历经过那么多苦难。现在我年纪大了，国家强大了，老百姓也富有了。现在看着国强民富，我心里真正体会到爱国的真正含义就是既要爱她的优点，也爱她的缺点，真正的爱应该是包容。如果对国家总是有抵触、发牢骚，对这个不满，对那个不满，那人就会犯错误。

我们集美中学那个班里全部都是华侨，当年苦难的时候，有一部分人又出国了。虽然我也出去过，我去过香港，在香港已经拿到香港的居住卡了，可是我又选择了第二次回国，我坚信我是对的。我儿子本来是可以在香港读书、工作的，可是我把他也带了回来，当时心里一直觉得有愧于儿子。现在我们华侨班的同学每两年聚会一次，我看那些出国的同学现在跟我们也过得差不多嘛！但是我们留在国内的同学都很自豪，因为我们与祖国共患难了！在祖国最困难的时候，我们没有离开祖国，所以我没有懊悔我的选择。

四

我自从1997年退休以后，就坚持锻炼身体，每天都骑两个小时的自行车，爬1个小时的山，侨联有时候也会把我们召集起来开会。马鞍山市侨联还经常组织我们老归侨出去活动，进行爱国主义教育，看看马鞍山现在的建设，非常好。

最后我想说，我回国57年，对这个国家问心无愧、一心一意，虽没有做出过什么重大的成绩，但我也觉得我做出了小小的奉献，也为国家富强贡献了一份力量。

过着平凡的生活，做着平凡的事

——董玉莲　口述

被采访者简介： 董玉莲，女，马来西亚归侨。1938 年 9 月出生于马来亚，1953 年 8 月回国。1963 年 9 月至 1996 年 9 月，在安徽金寨吴家店蔡河、长源、徐坳等小学工作。曾任第一、二、三届金寨县政协委员，第二届县人大代表。

采访时间： 2012 年 4 月 27 日

采访地点： 安徽省金寨县被采访者住所

采访者： 崔　亮　刘军军

整理者： 崔　亮

董玉莲近照

一

我出生于马来亚，在那里读完小学。

我从小受父亲的影响比较大。中国大陆这边土改结束后，他就告诉我，现在祖国已经不是原来国民党的时代，现在中国共产党执政了，人民当家做主了，国内人民有了自己的幸福新生活，还对我说了很多祖国的事情。父亲告诉我，你是中国人，

不管走到哪里都是中国人，不管在什么情况下都要热爱自己的祖国，只要有机会就要回到祖国，所以他要求我们必须学习中文。我每天中午 12 点都会准时收听中央人民广播电台对外的广播，了解中国国内的情况，从那时起，我就对祖国怀有特殊的情感。国民党败退到台湾后也有一个自己的频道对外广播国民党的事务，但我从来不听。

由于我们全家都受进步力量的影响，都支持中国共产党和中国共产党领导下的新中国。我在马来亚时，印象最深的就是当时有很多支持新中国的游行。虽然那时还小，但是我也会去积极参加，支持祖国。同时，马来亚还有很多为祖国募捐的活动，我就经常把卖花、卖水果赚的钱拿出来，整理好，欣然捐给祖国。其中，印象最深刻的一次就是有次游行与军警发生了冲突，我那时只有十几岁，我记得有的同学被打得头破血流仍然喊着口号，爱国之情极其高涨，那一幕，使我终生难忘。

随着日子的飞逝，我从中央人民广播电台听到了祖国的召唤，欢迎海外的华人华侨回去建设祖国，并为我们提供教育机会和工作岗位。虽然当时台北广播电台也经常播放欢迎我们回去的信息，但我对新中国事业的热爱和祖国深深的向往，让我毫不犹豫地选择回大陆。

二

回国的主意拿定后，考虑到情形所迫，我就偷偷跑回来，孤身一人来到港口，上了荷兰的船——“美福轮”，没人接也没人送。现在回想起来，总有阵阵酸楚。上船后，一种孤独感油然而生，我泪流满面。当时船只能到香港，所以我就在香港下了船，然后换乘大陆方面专门派来的船，再到广州住了半个月，然后前往广州郊区石牌华侨补习学校学习。入校前先考试，由于国内国外使用的教材不一样，所以考试时感到试题比较难，但是我仍然考取了华侨中学。因为我是背着父母跑回来的，无依无靠，所以我想办法与我马来西亚的叔父取得联系。高中毕业后，响应党的号召，我到农村接受贫下中农再教育，我被分配到了汕头市委农场，劳动了 3 个月。后来因为身体受不了，生病了，又被调回学校。学校旁边有个新华书店，还有个军队驻地。

三

由于我喜欢看书，我每周六都会去新华书店，但是因为生活不宽裕，买不起那么多书，我只能在书店里看。我先生当时在部队服役，也酷爱看书，我们每周都会在那里相遇，但从未说过话。有一天，班主任老师喊着我的绰号：小萝卜头，你国内没有亲人，帮你找个“亲人”好不好？我以为是开玩笑，就满口答应说：好哇！那时候我只有 16 岁，也不知道找“亲人”是怎么回事。后来发现介绍的是他，彼此见面都很惊诧，也许是缘分，我们就这样走到了一起。在我 18 岁的时候，我们准备结婚，当时结婚需要组织批准，因为我的华侨身份没办法批，所以我们就“蛮干了”。有一天他对我说，他要复员到地方去，我说，这里不是挺好的吗，为什么要复员呀？他说：不行呀，家里有 70 多岁的老母亲需要人照顾。这样，我们就偷偷跑到他老家安徽金寨来了。由于我先生是部队出来的，家里“成分”比较好，加上这里山好、水好、人好，环境优美、乡风纯朴，我也就在这里安心居住了下来。回来 3 年后，政府安排我到蔡河小学教书。开始时，我对教书不是很感兴趣，但是慢慢地就产生了兴趣，跟小孩在一起让我很开心。

在教书生涯中，令我印象最深的有两件事。那是 20 世纪 80 年代的事了。有一个小女孩，家里很穷，上初中后没有口粮带到学校去，她哭哭啼啼的，我还以为她被别的什么人欺负了，

问清情况后，我是吃商品粮的，刚好买了75斤大米放在路边准备带回家，我便让她带去，她说我弄不动呀，我说你可以和你的弟弟一起抬呀。她高兴得不得了。还有一个男孩，好像叫周思云（音），顽皮得很，没有人愿意带他上课，我说送到我班上来吧。我和他下五子棋，他下赢了，我就趁势鼓励他、夸奖他。我问他为什么总爱弄坏别人的东西、和别人打架。他说以前那个老师总爱骂他，有时还打他，就是要和他作对，气他、惹怒他。我总是引导他、开导他，从不训斥他、打骂他。他认为我有耐心，又尊重他，变得听话了，开始用心学习了，改掉了那些坏毛病，成为一个好孩子，后来还当了村干部。

四

改革开放以后，生活的环境变化很大。随着希望小学的建立，学校的条件也逐步改善。我执教的学校，最早只是设在一个废弃的寺庙和祠堂里，里面只有几个小板凳，现在都建成3层明亮的教学楼了。现在学校的老师经常邀请我到学校去看看。农村发展得也很快，以前住的都是茅草房，走的是泥巴路，现在住着小楼房，也有公路通过，交通方便多了，人与人之间的关系也变化了。“文革”时，因为我的归侨身份，没人敢与我走得太近，也不允许我调课，现在就没有这样的情况了，邻居们与我处得很好，我生病的时候，他们经常来看我。

我曾3次当选政协委员和一次县人大代表，也成了学校教师骨干。20世纪80年代的时候，我弟弟和妹妹也回国了，我弟弟回来后被安排在了海南。2003年前后，我弟弟到我家来过一次，我们一家也算团聚了。遗憾的是我母亲是在马来西亚过世的，这在我心中，留下了永远的痛。

在平凡的岗位上，做出应有的贡献

——古勉芳　口述

被采访者简介： 古勉芳，男，印尼归侨，祖籍广东梅州，1937年出生于印度尼西亚苏门答腊，1954年回国，原机械工业总公司副总工程师。1961年至1993年一直任县市人大代表，1982年至1996年连任3届安徽省归侨侨眷代表大会代表。1997年退休。

采访时间： 2012年4月20日

采访地点： 安徽省宁国市被采访者住所

采访者： 王　静　周　蓉

整理者： 王　静

一

我于1937年出生在印度尼西亚南苏门答腊的一个小岛，1954年7月从印度尼西亚回国。当时中印（尼）两国邦交还很好，刘少奇、陈毅曾多次去印尼访问，所以印尼华侨华人的生活还是很安宁的。

我十几岁以前，家境不太好。父亲是一个商铺的会计，一个人工作维持一家八口人的生活。我十四五岁的时候就开始在商店里面当学徒了，早晨四五点就要起来干活，干完活才去上学，这样的日子过了3年。到了17岁的时候，要上高中了，家境还是不好，没能去首都雅加达读书。新中国的成立对我们的影响非常大。我父亲的思想比较开明，我的思想也要求进步，

我们经常参加侨团的活动，侨团宣传祖国社会主义建设的情况，我们都知道新中国建立后国家发展得比较快，很多华侨学生回国求学反馈的消息都很好，对我影响比较大。我初中毕业已经没有出路了，继续当店员的话，经常受老板和他儿子的气。白天上学回来就要去店里干活，稍不满意就要挨骂，晚上干完了活回家要温习功课，还要给家里买菜做饭，生活得很辛苦，所以就有了回国的打算。

我在家里排行老二，大哥很贪玩，所以全家都指望我了。我要回国，父亲很支持，可是母亲舍不得我走，母亲觉得我走了就可能再也见不到我了。实际情况并不是这个样子的，母亲是去年才过世的，享年 96 岁。当年为了凑钱让我回国，母亲把她的首饰卖掉，还卖了家里养的两头猪，父亲向亲友借了钱，家里因此欠了很多债。

二

我是坐轮船回国的。我们在海上漂了五六天才到香港，再从香港转到深圳，最后再到广州。经考试后，我被安排到上海普陀区曹阳中学读高中。该校大概有归侨三四百人，我们一个班就有 60 多名归侨，大部分归侨原籍都是广东、福建。在上海读高中时我入了团，我还担任班级学习委员。回来以后，没有亲人照顾，是国家给了我无微不至的关怀。当时国内政治运动一直不断，学校也有政治运动，但没有影响到我的学习。

我高中毕业时，国家号召知识青年“上山下乡”，提出“到农村去大有作为”的口号，要求青年学生到农村等艰苦的地方去。上海到安徽去的知识青年有 1500 多人，到宁国县的有 121 个人。我们班只有 4 个人报名参加，有两个人被分配到安徽。老师担心我们吃不了苦，劝我们留在上海郊区，可是我积极要求进步，国家这么关怀我们，我们要以行动报答国家！当时有很多人瞧不起我，因为我是从国外回来的。他们都不理解我们为什么要到安徽农村。我想，我既然决定来了，就要好好干一番。但到了宁国，完全不是我们想象的样子，生活真是说不上来的苦。到了宁国后，我又被分配到板桥自然保护区。到了桥头铺以后，还要走路翻几个山头，上海来的年轻人怎么走得动啊？到了板桥后，我被安排住在农民家里，与农民“同吃同住同劳动”。住在农民家 8 个月的时间内，我上山砍过柴和毛竹、修过水塘。那个时候，粮食是定量的，而且我要翻山头走几个小时去买米，买了米要翻山头挑回来，日子非常苦。说实话，心里也懊悔过。不过，住在农民家里有利也有弊。一开始把我分配在一个老乡长的家里，但是那个老乡长有肺病，我又调到了一个生产队长家里，生产队长的老婆总是与他吵架，做饭也总是做稀的，我怕影响他的家庭和睦，便申请调到一户老妈妈家里。

在老妈妈家里住到 8 月，县里调我们出来。当时要“大办钢铁”，各县要办农机厂，需要我们这样有文化的人。我被分配到了农机厂，厂里要求我学绘图、学技术，同时厂里还派我带了十几个人出去学习各个工种，由一个老工程师教我。就这样，我的职业基本上定了下来。

厂里没有设备，条件差得很，都是手工作业，做的都是很简单的东西。这个时候政治运动又来了，紧接着又是自然灾害，没有东西吃。我吃过稻草根、发霉的山芋干，因为没有东西吃，腿都浮肿起来，走不动路，宁国县死了好多人。一直到 1961 年，我实在熬不下去，就回到上海母校调理了一段时间，在上海能吃上大米，过了大半个月又回到宁国县，然后我们又被派去挑矿石，当时盛行“浮夸风”，说一亩产粮食几万斤。其实，用土高炉炼不出钢铁，搞水电站也发不出电。

到了 1964 年，我看这个厂不行了，就要求调到新疆生产建设兵团。我在农一师机械厂担任技术员，做了很多工作，修过

拖拉机、汽车，参与制造农机具、汽车，建造发电站、造枪等。农一师在新疆阿克苏，那里石油资源丰富。国家要求我们制造武器，守卫国家资源，可是我连枪都没摸过，于是跟从部队下来的懂武器的军人学习，我负责绘图，冲锋枪、半自动步枪、火箭炮、手榴弹都画过。枪支做出来后，要做实验，我们就坐拉棉花的汽车到乌鲁木齐。新疆的冬天非常冷，到乌鲁木齐要3天。到了兵团，有人通知说实验不做了，让我们把武器带了回来。我在新疆呆了6年，很多技术都是在那里学习的。

20世纪90年代，古勉芳带产品到印尼参展

1970年8月左右，我又回到宁国。回来了以后，发挥自己的特长，在宁国农机厂担任过车间调度员、修理车间副主任、生产副股长等。在平凡的岗位上，做出了自己应有的贡献。值得一提的是我们首创的三轮车。20世纪90年代初，宁国城郊生产的蔬菜不够城市居民吃，农民需要运输工具将蔬菜运到城里，于是农机厂就想研制三轮车。厂里任命我为主任设计师、开发组组长。我带队用了两个月的时间做了两台样品车。我们开着样品车，从宁国跑到我老家梅州，进行耐久试验。试验通过后，厂里决定大规模投产。这便是我们厂生产的三环牌三轮车。销路最好的时候，可月产几万台。1991年，因为我在印尼出生，能说些印尼语，公司先后两次派我带着三轮车到印尼参展。第一次去参展的时候，印尼工业副部长觉得三轮车很好。有个华裔外商也看上了我们的产品，但由于受印尼进口条例的限制，三轮车未能成功地销往印尼。

因为我有海外关系，是归侨，在入党和工作发展方面都受影响，但是我为人正直，不做亏心事，我一直在思想上严格要求自己。从 1961 年至 1997 年，我一直担任县、市人大代表，1982 至 1996 年连任 3 届安徽省归侨侨眷代表大会代表。

古勉芳所获奖状

三

2001 年的时候，我曾经回印尼看望我的老母亲，近 50 年没有回过出生地了。2010 年又去过一次。加上两次参展，50 多年来我只回去过 4 次。

我还记得小的时候，印尼当地人民和我们关系还不错，对我们也比较友好，但是他们很穷，没有文化。华人家里再穷也要让子女上学，没有钱的家庭有侨团资助，晚上，侨团还资助创办夜校供华人学习。后来印尼发生排华运动，华文学校全部被关闭，不许华人说中文，不许华人叫中文名字，某某老字号的招牌也要全部拆掉。我们家人原来都是中国籍，印尼要求华人全部加入印尼籍，不加入不行。现在那边我的孙辈一代已经不会说中国话了。现在中国发展起来、富强了，中国强大了。我经常向海外的亲友宣传中国的建设情况，我的哥哥常说："我是中国人！我一定要回中国去!"哥哥已经 78 岁高龄了，身体很健康。他这个心愿在去年 8 月得到实现，他带了 8 个亲友回来。对祖国的发展变化，他们感到很震惊。

四

退休后，我被宁国市的刮水器厂返聘了 4 年。这个企业原来很落后。我去了以后，进行了整顿。我在这个厂开发并改进了电机、汽车的雨刮器等。经过整顿，这个厂发展得还不错。

后来再有企业聘请我，我都婉拒了。我现在整天地想着怎么保养身体。我每天早晚都锻炼，每天走几公里路，还打打拳。市委对我也都很关心，每年都会组织活动，组织我们体检，感谢党和政府对我无微不至的关怀。

我与胡适的研究

——黄艾仁　口述

2007 年黄艾仁留影于家中书房

被采访者简介：黄艾仁，男，菲律宾归侨，祖籍福建泉州。1933 年出生于菲律宾吕宋岛，1935 年归国，1954 年进入华东师大中文系学习。退休前为滁州学院中文系教授，1993 年评定为教授职称，主要从事胡适研究。

采访时间：2012 年 5 月 6 日

采访地点：安徽省合肥市被采访者住所

采访者：刘军军　崔　亮

整理者：刘军军

一

1933 年 9 月 19 日（农历）我出生在菲律宾吕宋岛。此前，父母在菲律宾谋生已十几年，胞兄胞姐也都出生在吕宋岛。1935 年，兄姐已届上小学受教育年龄，又加上祖母年老，多次要我们回国，以共享天伦之乐，此时，我父亲已略有积蓄，故决定变卖产业，把资金汇回老家，一来用于盖一座楼房，二来是为了继续从事商业活动。我们一家于 1935 年夏回到了福建省泉州市永春县坑园乡。回国时，我只有两岁，所以对于国外生

活，我没有什么记忆。

二

回国后，我于1941年进入家乡的“文明小学”学习，1946年考取永春中学，1954年夏考进华东师范大学中文系，1958年大学毕业后，被分配到蚌埠师专中文科工作，担任文艺理论教师。1962年夏，全省师范专科学校撤销，我被分配至滁州地区开办的中学教师进修班工作。1963年滁州中教进修班停办，我自愿到凤阳师范工作。1977年12月，我奉滁州地区教育局指派至滁县组建滁州师专中文系，担任中文系副主任，负责中文系教学工作，兼教文艺理论。1989年12月，我被国家教育委员会、人事部、中国教育工会全国委员会评为全国优秀教师。

1989年，黄艾仁被评为全国优秀教师

三

作为一名普通的中文教师，我这一生最大的兴趣就是从事胡适研究。1990年12月与1991年，我先后在李又宁主编的《胡适和他的朋友》第一集、第二集发表了《胡适与王云五》、《胡适与林语堂》等两篇论文（纽约天外出版社印行）。1991年8月应胡适学术讨论会筹备组邀请，参加全国胡适学术讨论会。此后历届胡适学术讨论会都应邀参加。1993年5月，由江苏教育出版社出版拙作《胡适与中国名人》，该书由国家出版委员会主任、著名评论家王子野题写书名，同年6月12日，原文化部副部长、著名文艺理论家林默涵看到这本书后，即兴在书的扉页上写了“这本书正是我想读的”题词。

中国社科院博士生导师、胡适研究专家耿云志同志说：“以研究胡适与同时代人物的关系为题，作者是第一人，在许多重要问题上，本书纠正了过去流行的一些不正确的说法，并有很中肯的分析和评论”。（见《滁州报》1994.9.20第四版）1993年12月，安徽省职称改革领导小组评审通过我教授职称的申请。1996年安徽大学胡适研究中心聘请我担任研究员。1996年9月1日，《胡适全集》主编季羡林、安徽教育出版社社长黄书光发来聘书，聘请我为《胡适全集》编纂委员会委员、常务编委。1997年10月21日至27日，我在福建武夷山参加全国优秀归侨、侨眷知识分子休养团。

图为黄艾仁（右）与原文化部副部长林默涵在滁州合影

1998年9月，应台湾民族文化基金会王正琛先生和陈宏正先生邀请赴台参观访问，在台北中央研究院近代史所作题为“胡适与徐志摩”的演讲。同月，安徽大学出版社出版拙作《胡适与著名作家》，原中国红楼梦学会理事、安徽省哲学社会科学联合会副主席、原安徽师范大学副校长严云受教授在“序”中说：“黄艾仁先生在胡适研究领域中，应该说是起步较早的探索者之一。早在1986年，作者即撰《毛泽东与胡适》，公正地评论胡适，黄先生突破学术禁区的勇气实在令人钦佩。而当作者以胡适与20世纪中国一大批著名作家为题，写出胡适与鲁迅、胡适与冰心、胡适与郭沫若、胡适与茅盾、胡适与郁达夫等系列文章，作者的胡适研究已自成一种风貌、一种体系，迈上了一个新的台阶。而且，作者思考严密，分析论证层层深入，遂使这一研究的内涵丰富、结论可信，作者的系列文章发表后，已经在海内外产生了广泛影响，受到学术界的普遍关注。”

20世纪90年代初黄艾仁（右）与蔡尚思合影于复旦大学

1998年9月，黄艾仁在中国台湾“中央研究院”
近代史研究所作学术报告

四

2002年1月，我到美国佛罗里达州探望女儿。2003年5月，女儿分娩，我与内助第二次到美国，9月回国。2004年11月29日，我突患脑血栓，右手右脚失灵，住院两个月，庆幸的是大脑思维没有损伤，尚能正常生活和写作。由于儿子在合肥，为了照顾我，也把我接到了这里生活。我对侨联的工作很满意，一直与我们保持联系，过年过节都会过来慰问，我对现在的生活很知足。

2005年6月28日《团结报》（北京）

忆旧谈往

胡适痛斥"台独"谬论

黄艾仁

胡适先生。

"台独"谬论，早在上世纪五十年代末，即露出水面。当时胡适就曾给予严厉的驳斥，但由于些历史的原因，胡适这些有力的言论，虽然在当时报刊上披露过，却未受到一般读者的注意。

"台独"的谬论叠发甚嚣尘上，胡适这些掷地有声的反"台独"言论，应该与世人重新见面。1959年7月，胡适应邀到夏威夷大学参加"东西方哲学会"，会上竟然有人说出"台湾仍然不是台湾人治理"的话。言下之意是台湾仍为外省人控制，毫无独立自主可言。对此，胡适立即予以驳斥道：

"台湾人根本就是中国人，没有中国人以外的台湾人。目前的立法行政机关，都有台湾人所应有的名额与地位，不了解真相的最好不说话"。

胡适之所以说出如此斩钉截铁的话，是以充分的历史事实为依据的。1955年3月，胡适在美国佛吉尼亚州森洛士城国际问题研究会上，曾对台湾的历史作出如下简明介绍，他说："台湾的面积与人口与荷兰相似，居民百分之九十以上是汉人，主要是早期闽南及粤东两地的移民的后裔，因此语言也是这两地的方言。但近九年来教育方面的国语运动，实际已达到奇迹似的成果，北平话已普遍能听能说，尤其是这十年中在校读书的学生。我提到这一点，觉得是台湾同胞民族意识的一个最好证明。"

值得注意的是，据1959年11月9日台湾《自立晚报》记者报道：1959年11月间，美国俄勒冈州众议员普勒访问台湾，在访问期间，曾"与有关方面接触晤谈，"离台前夕，美国驻台大使馆职格曾设宴饯行，"当晚作陪者有胡适之、周书楷、严静波、庸振调、余伯泉及驻美（台湾）安全分署长郝乐忍、美军顾问团团长杜安等人，席间普勒又提出"两个中国之意见"，"在座者均对此议表示异议"，"闻胡适之博士对普勒观点之驳正，辞义尤严"。

遗憾的是，《自立晚报》刊登该报道时，虽标题为《胡适之义正辞严》，然而通篇却没有胡适批驳的具体内容。这大约是记者出于所谓顾瞻"友邦"的脸面吧。尽管如此，胡适反对"台独"的爱国之心，却为读者所共见！

责任编辑 赵岩

本版电子信箱 tjb3@vip.163.com

2005年7月北京《民革视窗》转载
2006年5月12日 美国《侨报》〃 〃

2005年黄艾仁在《团结报》上发表《胡适痛斥"台独"谬论》，后被中外多家媒体转载

五

以下是我近年来所编写的书籍和发表的文章：

2002年2月，我编的《胡适传记三种》由安徽教育出版社出版。

2003年2月，著名文艺评论家谢泳在接受"中国图书商报"记者采访时说"黄艾仁编的由安徽教育出版社出版的《胡适传记三种》是2002年十大印象最深的好书之一"（见2003年2月

《中国图书商报一书评周刊》)。

2004年先后在台湾《传记文学》发表胡适研究文章。

2005年6月28日在《团结报》发表《胡适痛斥台独谬论》。2006年5月12日美国《侨报》转载。

2006年5月,《传记文学》(台北)发表《实话实说见真情—胡适费孝通两次交往》。

2007年12月,《传记文学》发表《是非曲折话当年—胡适在莫斯科与蔡和森会晤前后及其他》。

2008年5月,《传记文学》(台北)发表《名人难乎为完人—胡适、张伯苓的"被告"及其他》。

2009年6月,《胡适研究论丛》发表《"狂徒"亦有谦逊时—刘文典教授敬佩胡适之》。

不平凡的岁月

——黄梓达　口述

黄梓达近照

被采访者简介：黄梓达，男，印尼归侨，祖籍广东梅县。1937 年 8 月 22 日出生，1959 年 12 月归国，1965 年毕业于北京工业大学，分配到合肥市仪表厂工作。20 世纪 60 年代为我国洲际弹道导弹、第一艘核潜艇等国防工程研制配套仪表，70 年代为上海金山石化总厂研制微小流量计量仪表，1982 年任合肥市侨联第一届委员会主席，同年加入中国共产党，1984 年正式调入市侨联，任专职副主席。此后，又连任一届。1999 年退休。曾获得安徽省科技成果二等奖；1982 年，荣获“国务院侨办、中国侨联先进个人”称号。曾当选为第七届安徽省人民代表大会代表，第六、九、十届政协合肥市委员会常委，安徽省归国华侨联合会第二、三届常委。

采访时间：2012 年 5 月 7 日

采访地点：安徽省合肥市被采访者住所

采访者：朱　晖　王　静

整理者：朱　晖

一

我出生于1937年8月22日，祖籍广东梅县，大学文化程度，是中共党员、高级工程师、原合肥市归国华侨联合会名誉主席。

1959年12月，我从印度尼西亚回国，1965年毕业于北京工业大学，后任合肥仪表厂的技术员、工程师。我是第六届、第七届安徽省人民代表大会代表，第六、九、十届政协合肥市委员会常委，中华全国归国华侨联合会第三、四、五次代表大会代表，第四、五届委员，安徽省归国华侨联合会第二、三届常委。1982年后担任合肥市归国华侨联合会第一、二届主席，1978～1980年获得安徽省科技成果二等奖，1982年获得“国务院侨办、中国侨联先进个人”称号。

图为黄梓达20世纪60年代学生时期的照片

二

1937 年，我在广东出生后，日本帝国主义已发动全面侵华战争，给中国带来了巨大灾难。迫于生计，父亲只身飘洋去印尼谋生，在雅加达开了小商店，经营小百货，生意还可以。

1949 年，内战打得激烈的时候，我哥哥被国民党抓去当壮丁。我 12 岁那年，父母把我带出国。我是在印尼雅加达上的小学和中学，1957 年毕业后在印尼又待了 3 年。1959 年印尼形势紧张的时候，就回国了。

黄梓达（右一）与 3 个朋友合影于从印尼回中国的船上

“国家永远是华人的后盾。”那个时候我意识到，国家不强大，华人在国外是受人歧视的，人家骂你也没办法。年轻人血气方刚，会经常跟人打架。在国外，经济生活是好的，但是人的精神状态很低落。在国外受到别人歧视，才知道没有尊严的生活是什么滋味。

我出国的时候印尼还没独立，仍受荷兰统治，当时对华人的歧视非常严重，有些电影院、游泳池是不许黄种人进去的。

雅加达的"快乐世界"游乐场是一位入了荷兰籍的华人建的。他看到很多华人去看电影不让进，入荷兰籍的也不行，于是他一气之下就买了地，办了华人自己的"快乐世界"，这也给中国人长了志气。雅加达附近有条河叫红溪（洪溪），据说荷兰人统治时期，在那里屠杀华人，整条河都被染成了红色，史称"红溪惨案"，相当恐怖。

三

我回国主要是想升学。我于 1959 年回国，1960 年 1 月 6 日到北京后，被分配到北京华侨补习学校学习，4 月初，考入了北京工业大学，学习仪器仪表专业。

1960 年 4 月以后，很多吃的都买不到，买什么都需要票。我们是北工大的第一届学生，学校的归侨学生比较多，相处得都比较融洽，学习氛围很浓厚。在北工大，我度过了快乐而充实的大学时光。1965 年 9 月毕业后，我被分配到合肥市仪表厂工作，仪表厂是一家有 1000 多人的中型企业，机械设备比较陈旧，许多批量产品零件还得靠手工制造，我就和同事们一起，用了 3 个月时间，研制出新的车床夹具和研磨机，解决了很多技术问题，生产效率大大提升。

黄梓达（右）与同事在做实验（摄于 20 世纪 60 年代）

1965 年底，国家要提高中华民族在国际上的地位，加大科研攻关力度。在国家的号召下，我们开始研制椭圆齿轮流量计。经过长期大量的实验，椭圆齿轮流量计终于研制成功了，为国防科技的发展贡献了力量。1966 年 10 月，我国决定研制核潜艇，耐蚀性且更精准的椭圆齿轮流量计是必须具备的配套设备。我用了 12 年的时间研制出 3 种规格的耐蚀型椭圆齿轮流量计，受到有关部门的高度重视。20 世纪 70 年代的时候，我为上海金山石化总厂研制微小流量计量仪表，先后完成普通型、耐蚀型、食品计量和微小流量计量 4 个系列的椭圆齿轮流量计。

1976 年“文革”结束后，科学研究也逐步走向正轨，我开始投入到高精度流量仪表的研发，用了 3 年时间，研制出 3 种规格的一级品流量计，之后还成功地研发了汽车节油装置，获得了合肥市科技成果奖。还为青岛啤酒厂等食品企业研制食品计量流量计。另外，我参与起草了《中华人民共和国第一机械工业部标准 JB1343－74〈椭圆齿轮流量计〉》。

1982 年 9 月，合肥市成立归国华侨联合会，我担任主席，作为先进个人参加了首届全国归侨、侨眷、侨务工作者表彰大会。1984 年 7 月，我被正式调到合肥市侨联工作，先后参与组建合肥华侨经济开发公司、合肥华侨技术开发公司等侨资企业。1988 年，我先后创办了合肥华侨电子轻化研究所、合肥华侨轻工技术开发研究所。其中电子轻化研究所研制了血管瘤治疗仪和胃病治疗仪；轻工技术开发研究所研制的三基色节能灯在全国科技攻关成果招商洽谈会上获得单位最高成就奖和单项最佳成就奖。

1998 年黄梓达参加侨务部门组织的红色教育活动

1999 年，我退休后中风，在家静养两年后，情况有所好转。我于 2002 年到印尼探亲。现在，闲暇时候，我就外出旅游，平时炒炒股票、上上网、看看微博，了解一下世界情况，晚年生活相当安逸、幸福。

黄梓达夫妇近照

黄梓达（后排左四）的兄弟姐妹

我的人生没有白过

——林仕儒　口述

林仕儒近照

被采访者简介： 林仕儒，男，泰国归侨，祖籍广东潮汕。出生于泰国，1950年回国，1951年参军，1958年转业，后调到蚌埠麻纺厂。1985年参与组建蚌埠市侨联，兼任市侨联副主席，1993年退休。

采访时间： 2012年4月28日

采访地点： 安徽省蚌埠市被采访者住所

采访者： 李怡嘉　程梦秋

整理者： 李怡嘉　程梦秋

一

抗日战争的时候，为了躲避战乱，我父亲来到了泰国。我在泰国出生，也在当地的华侨学校读书。我们那个时候在国外念书，不像国内环境那么好，没有那么一帆风顺。在我记忆当中，在泰国念书，一开始还可以，有一些正规的华人学校，后来泰国政府实行排华政策，对华校施加了种种限制，很多华侨学校都被迫关闭。我记得后来我们念的学校都叫做“游击学

校”，也就是说，我们今天上午在这里上课，明天就不一定是在这里了，一天可能换好几个地方，目的是为了避免当地政府来查封，所以我小的时候就觉得读书对我来说太可贵了。有个老师对我很好，他出去教书经常带着我，我也帮他教书，他教高年级，我教低年级。

我接触到的老师，现在回忆起来都很进步。泰国有个《大众日报》是华人办的，老师就订了《大众日报》、《大公报》给我们看。这些报纸都介绍国内情况。老师教我们用辩证唯物主义来看问题，读毛主席的著作和一些基本政策。老师说：“这些内容，说不定你们回去了还要考试呢！”因此，我们学得就更加认真了。

1950 年，正值抗美援朝战争，国内外的形势并不是很好。我们在国外，觉得心里很不安。我们从小在国外长大，对祖国十分向往，迫切地期望早日回去看看祖国的面貌，参加祖国的建设，所以那时我就找了几个同学商议，决定在合适的时候回国。回国并不容易，家里不同意，而且回国的手续也不好办。记得是一个老师带着我们上船回国的。

二

我们坐轮船到了汕头靠岸。岸上都在敲锣打鼓，我以为是汕头在过节，有人说不是，说这些人是专门来迎接我们的。回来之前，祖国到底是什么样子，在我心中很抽象，所以第一次踏上祖国的土地时，我们心里都很激动，不禁唱起了《东方红》，很有劲儿。感到一回到祖国，连呼吸的空气都格外新鲜，就像换了新天地。

回到国内以后，我们继续上学。朝鲜战争愈演愈烈，我们满腔热血，都积极报名参军。1951 年，我加入了解放军，被送往南方大学学习，那时叶剑英任校长。接着我被分配到空军，之后被派到航校学习，航校毕业以后才正式分配到部队。我学的是航空机械，所以到部队后就从事飞机维护，搞地勤工作。

1958 年，国家开始搞“大跃进”，部队也号召有技术的人参加地方建设，所以我就在那个时候被分配到地方，属于军人转业，在蚌埠市的建华造纸厂当了技术员。1965 年，我被调到了麻纺厂，一直干到退休。期间我做过技术员、工程师、高级工程师、总工程师。那时厂里对我还是很照顾的，我也很满意。

我回国到现在已经 60 余年了，家里父母都过世了，哥哥、姐姐和弟弟还在泰国。泰国有很多华侨，而且潮州人很多，那个时候可以说，随便到哪个深山老林里都能看到一个潮州人。参军之后，由于情况特殊，我也没有回家看望过，甚至都不敢与家里通信。我曾拜托一个同学跟家里打声招呼，说自己情况很好，也没有多说什么。转业之后我开始与家里通信，我的母亲很想念我。

1957 年“整风运动”时，我从部队转业时年纪很轻，什么都不怕，看到不对的就提意见。我到造纸厂后，一开始全厂贴的大字报都是我写的，到了后来，张贴的大字报都是攻击我的，后来我被送到山上开矿。因为我们这些人都有一技之长，所以到了当地，就让我们去搞设备、搞设计。

后来市里领导得知我的情况，派人来看望我，问我组织生活过得惯吗。我说怎么过得惯？他们都说我反党、反社会主义，不让我参加组织生活。领导说，不行，你要参加，不要怕，不但要参加组织生活，还要照交党费。运输团的党委书记也是部队下来的，让我去参加他的小组，没过多久就让我回去了。回去以后，有关方面开大会给我平反。

这次运动就这样过去了。但是这次运动对我影响很大，我那个时候年轻，一心一意为了祖国、为了党，是没有恶意的。就在转业的时候，领导还问过我，说我是广东人，转业的时候要不要照顾一下回到广东。我说我现在是个共产党员，国家哪

里需要我，就让我到哪里去，哪怕是边远地区我也愿意去。我在南方大学的时候，叶剑英给我们作报告，他说，祖国到处是劳动人民，处处是家乡。当时我就把这句话讲给他们听。有时候别人会问我，组织当时要照顾我，让我回到广东，我为什么不去呢？我也把这句话讲给他们听。

“文革”期间，凡是有海外关系的都要遭到怀疑。不论是在部队还是在地方，我的工作兢兢业业，立过很多次功，也评过很多次先进、标兵，在技术改造方面也得到过很多奖励，省里市里都有。但是由于有海外关系，须处处小心。

当时，很多地方都处于无政府状态，但我从来没有参与过这些事情。那时很多人都扒车、蹭车。为了厂里的工作，我有时候会出差，会遇到去不了的情况。但是那个时候我就想方设法一定要去，去不了就扒煤车，回来的时候满脸搞得跟“猫猴子”一样。

经历这些运动，回想起来很痛心，也受到深刻的教育。很多人在运动中白白浪费时光，我却在这段时间把精力都放在了工作和学习上。在这段时间，我学会了很多技术，给排水、空调、锅炉，这些技术我都达到了一定水准，后来我还考了高级工程师。举个例子，我们厂里有个破锅炉，什么资料都没有。没有资料我就找资料，别人整天无所事事，也不上班了，我就把零件重新组装，画了图，又加以改造，后来这个本来报废的锅炉又可以投入生产了。“文革”期间，我没受到什么冲击。

三

曾经有朋友和同学问我打不打算出国，当时我确实没有想到出国，我说我回国就是为了作贡献，现在还没作出什么成绩，所以不能出国。我的父亲和哥哥都跟我说，母亲自从我回国后非常想念我，但是我一直没有产生去泰国的念头。还有去香港的一些同事，“文革”时被打成“右”派，他们到了香港给我来信，说香港这边很好，我去可以投奔他们，我拒绝了他们的好意。不仅如此，我还劝别人留下。造纸厂有很多大学生，不安心在当地工作，都想走，我对他们说：“你们现在没有经验，能力也不强，能走到哪去？还不如踏踏实实工作。”改革开放的时候，还有一些朋友劝我去深圳，我也没去。1985 年，我参与组织了蚌埠市侨联第一届归侨代表大会，从此以后就兼任市侨联副主席。他们原本打算选我做驻会主席，那时我是厂里的总工程师，厂里不同意我调走，我只好做了兼职的副主席。

我于 1993 年退休。刚退休时，一下子闲了下来，很不适应，感到有点儿失落。以前我在社会上活动很多，除了在厂里担任总工程师以外，还兼任了很多职务，像技术车间主任、设备动力科科长、总工办主任、技协常务主席等，在社会上也兼任了很多职务。我是市政协常委、省人大代表，还是省侨联代表，还有市统战部召开相关会议时也让我参加。我还参加其他一些活动，比如海外联谊会等，事情很多、很忙。回想这 40 多年的工作，我忙忙碌碌、兢兢业业，可谓是问心无愧。

我和一些老朋友聊起往事时，都有同感。有些人说回来这条路是走错了，但我觉得并没有走错。半个多世纪过去了，沧桑巨变，一个人的一生也许就没了，我这一生也即将度过。年轻的时候，我是个热血青年，现在我已成为一个老头子，但是我不后悔。我的人生没有白过，我很骄傲，特别是在艰难困苦的时候能够走过来很不容易。从部队到地方，我从来没有后悔过。

当今国内国际政治风云变幻，我的认识不是很清楚，但是我有一个信念——永远跟党走，跟着祖国走。所以在逆境的时候，包括我当初受到误解的时候，我始终想着，要始终与祖国人民、与党同呼吸共命运。

我们这些老归侨，在国外的时候条件很好，但是在国内待

惯了，跟国内人民有了感情，也不愿意离开。有些人，在国外的亲人老的老、走的走，在世界上，除了自己的小家庭，再也没有其他亲人了。也，看到别人回家，有时候会想念海外的亲人，想念那片土地，因为那里承载着童年、青年时期最最美好的记忆。

所以希望社会对我们这些老归侨多给一些关心，我们怕被遗忘。我们为祖国建设放弃了很多，希望党和人民理解我们，很多老归侨现在的生活状况并不是太好，希望侨务部门设身处地地为他们着想，让老归侨能够安享幸福晚年。

感谢父母带我回到祖国

——林映鲤　口述

林映鲤夫妇合影

被采访者简介：林映鲤，女，日本归侨，祖籍台湾台南。1943年10月出生于日本大阪，1944年随父母回到中国，1962年考入皖南大学（现安徽师范大学），读数学专业。1968年至1969年，在天津丝织二厂工作，1969年调到合肥元件二厂做质检员，1979年在合肥半导体厂任会计，1985年调到安徽省侨联工作，历任机关会计、副主任科员、主任科员、副调研员、联络部部长等职。1999年加入台盟，2004年退休。曾当选合肥市中市区人大代表、安徽省侨联第三届委员会常委。

采访时间：2011年7月22日

采访地点：安徽省合肥市被采访者住所

采访者：胡修雷　乔印伟　陈茂先　谷　新

整理者：谷　新

我父母是旅居日本的华侨。1943年10月，我在日本大阪出生，1944年随父母回到祖国。对于日本，因为年幼没有任何印象，直到1988年，我爱人到日本做访问学者，我才有机会去日本探亲，后来又陆续去了3次。

林映鲤父母合照

一

我父母都是台湾人。我父亲常跟我们说，我们的祖先是在300多年前跟随郑成功从福建到了台湾，在台南市定居下来。父亲出生在台南，年幼时，我爷爷奶奶就去世了。父亲12岁时离开台湾去了日本，在药厂当学徒，靠勤工俭学读完了中学，后来考入日本药学专科学校，专攻生药学，毕业后开始从事医药事业。母亲出生在台中，从小跟随我外祖父母定居在日本大阪。外祖父在日本经商，20世纪六七十年代曾任过日本大阪华侨总会会长，1979年在台湾去世时，时任国民党领导人都送了挽联。

在抗战时期，日本人欺负中国人，也看不起中国人，父亲很气愤，1943年，父亲放弃在日本的事业，毅然决然地回到祖国，在上海办了制药厂。第二年，母亲也带着我和姐姐回到了祖国。不久父亲又带着全家人辗转来到南京，开了一家诊所，开始行医。

由于父亲的医术好，又平易近人，来看病的人很多，在当地小有名气。直到后来，在南京对岸的中国人民解放军皖北军区和含（安徽省含山县）支队也请我父亲去给他们的伤病员看病。在部队的感召下，1948年春，父亲光荣地参加了中国人民解放军，并将诊所价值700多担大米的药品器械无偿捐给了部队。

我父亲一生坎坷，但他十分爱国。虽然在“文化大革命”期间受到冲击，受到不公正的待遇，但他从不后悔自己走过的路，不忘记自己是一个堂堂正正的中国人。记得父亲告诉我们，1951年，我国要将一批日本人遣送回日本。当时有不少人认为我父母是日本人，于是有人劝他们回去。我父亲严词拒绝，说：“我是中国人，我的祖先是跟郑成功渡海到台湾的……”。

父亲在国内生活40多年，他对台湾的情感很深厚，一直盼望着能够早日实现“三通”——通邮、通航、通商。他在任安徽省台联第一、二届会长期间，也一直在这方面努力地工作着。

父亲病重期间就叮嘱我们说，他今生回不了台湾，待到两岸统一，一定要将他的骨灰送到台湾，与他的父母葬在一起。

1988年林映鲤（右二）在日本探亲时拍摄

二

1954年，安徽省军区子弟小学——西岗小学开办，这是一

所供给制的寄宿学校，我和我姐姐是子弟小学的第一批学生。我记得朱德总司令还到我们学校视察过，学校特地给我们学生每人做了一件呢子大衣，感觉可神气了。

在合肥读完了初中和高中，1962 年，我参加高考，考入皖南大学（现安徽师范大学），读数学专业。当时国民党叫嚣反攻大陆，家庭出身不好、有海外关系的学生，升学也受到一定影响，重点大学一般是上不了的，除非是特别优秀的学生。虽然那时我的学习还不错，高考填志愿时，因为我不想当老师，所以将最后一个志愿填的是师范类的学校，结果还是被录取到师范类的皖南大学。在快毕业、即将写论文时，“文化大革命”开始了，我们直到 1968 年才分配工作。家庭出身不好、有海外关系的学生在分配时也受到很大的影响，一般都分到条件差、偏远的地方。我最初被分配到吉林省较偏远的一个县，路途太远，父母不放心，好在我们数学系 240 个毕业生中有 150 个名额可分配到天津，总算有机会调到了天津。到了天津，出身好的同学分到第一教育局（管理全日制中学），而像我这样条件的就被分到天津第二教育局（专管半工半读学校），而且还要到军垦农场锻炼一年。于是，我被分到山西太原军垦农场锻炼。后由于身体原因提前回到天津，被分到天津丝织二厂，当了一名织布工人。

当时，我爱人在合肥工作，而孩子只有几个月大，不得不交给我父母照顾。为了解决夫妻两地分居问题，也为了更好地照顾孩子，1969 年，我申请调回合肥，被分在合肥元件二厂工作。我们厂生产晶体管（如锗二极管、三极管之类的产品），我被分到测试班当二极管测试工，每天测试车间生产的二极管。我们厂里的产品检测很严格，要保质保量，车间送来多少、检测合格多少、退回多少，都要精确记录，真正是“一个不能少”，发现少一个的话，都要想方设法找到，就像做会计一样，少一分钱都要对得上，决不能有丝毫马虎。

1971年，我国发射第二颗人造卫星时还用上了我们厂选送的15个二极管，国家为此奖励了我们厂1万元。对此，我感到特别荣幸和骄傲，因为我也参加了检测和筛选工作。

1979年，我们厂和另外两个元件厂合并为合肥市半导体厂。由于厂里缺少会计，厂领导找我谈话，说我学的是数学专业，学做会计可以学得快一点儿，我就改做会计了。由刚开始做材料会计、出纳会计、成本会计直到后来做了主管会计，就这样在工厂一直工作了16年。在工厂期间，我还当选过一届区人大代表，当时从一线工人当选为人大代表，我感到非常自豪，也很珍惜这难得的荣誉。对此，我至今仍记忆犹新。

1982年安徽省侨联成立，1985年我调到了省侨联工作，当会计。我在省侨联工作了近20年，受到组织的关怀和培养，由一名普通的办事员提为副主任科员、主任科员、副调研员直至联络部部长。参加过省直妇女代表大会、省直工会代表大会、全国台湾同胞联谊会第四届代表大会、安徽省归国华侨联合会第三届代表大会并被选为常委。

现在我虽然退休了，对侨联和侨联工作仍然有着深厚的感情。我时常登录侨联网站，关注侨联发展动态，也通过侨联组织的老干部学习和考察活动切身体会侨联工作的发展变化。我会一如既往地关心、支持侨联工作，做到“退休不退志”，始终把自己作为侨联工作者的一员，为侨联事业科学发展献计出力。

三

1999年安徽省台湾民主同盟小组成立，我是第一批加入台盟的盟员之一。我很高兴能够参加民主党派，和大家一起参政议政。

台盟曾组团去过台湾，让盟员们到自己的故乡看看，增加两岸同胞的交流。到了故乡，我心里真高兴。我的父辈离开台

湾较早，年少时即去日本谋生，现在大部分亲戚都在日本。在台湾没有见到一个亲戚，心里还是很遗憾的。

我大舅舅于1984年曾跟随中日友好交流代表团来过中国，还与到日本访问的廖承志同志一起合影过。

1992年林映鲤摄于日本大分县

四

我姊妹6个，我在家排行第二。姐姐30年前病故，两个弟弟在日本，大弟弟入了日本籍，小弟弟做贸易，经常来往于日本和中国。两个妹妹在国内工作，现都已退休。我们都有一个愿望：待到台湾向安徽开放自由行时，我们将一起到台湾去寻根拜祖。

我的两个孩子都已成家立业，儿子开办了一个汽车修理厂，女儿女婿在做服装、饰品贸易。他们的工作和生活都很好。为此，我们感到很幸福。

我爱人是江苏镇江人，他从江苏省考到安庆卫校的药剂专业，毕业后分配到省药品检验所，在中药实验室工作，后来应征入伍当了3年兵，退伍后又回到药检所，仍从事中药检验和研究工作。多项研究成果分别获得国家、省科技进步奖，他也因此而享受国务院政府特殊津贴。正是得益于他的开发研究，我省的民间草药断血流列入了《中国药典》，皖贝母成为安徽省第一个经国家批准的中药一类新药。退休后，他在老年大学学习摄影，摄影也是他从事中药研究时的爱好。我们现在的生活相当惬意。

我于 2004 年初退休。退休后除了积极参加侨联、台盟的学习和活动外，电脑、旅游成了我生活的一部分。我希望通过网络世界和旅游更好地了解国内外形势和祖国的大好河山。

我经常这样想：如果当年父母不带我回国，我还在日本，我这一生不知是什么样，也许只是一个普通的家庭妇女，整天为家务忙忙碌碌的。回到祖国，生活大概没有在日本富裕，虽然也经历了一些风风雨雨，但是在党和祖国的培养、教育下，我成为一名能直接效力祖国的国家干部。我感谢父母带我回到祖国。

因为“侨”，所以幸福

——林玉芝　口述

被采访者简介： 林玉芝，女，朝鲜归侨，祖籍山东省荣成市。1945 年出生于朝鲜，1963 年回国后，分配到安徽安庆皖河农场担任场医，1972 年在皖南医学院医学专业学习，1978 年调到池州市人民医院工作，1987 年升为主治医师，1993 年升为副主任医师。2006 年退休，后被医院返聘至 2009 年。2001～2006 年任池州市人大代表、人大常委会委员。

采访时间： 2012 年 4 月 25 日

采访地点： 安徽省池州市被采访者住所

采访者： 董　岱　韩丽丽

整理者： 韩丽丽

一

我父亲一共有兄弟姊妹 8 个，三男五女，父亲在家中排行老大。以前山东老家很穷困，父亲和大姑、二叔先到东北寻求生计，之后决定去日本投奔我奶奶的妹妹。在去日本的途中，途经朝鲜，他们觉得朝鲜的生活条件比较优越，于是就留在了朝鲜咸镜北道清津市。那个时候，山东荣成和蓬莱等地的人到朝鲜谋生的很多，大多开饭馆或当菜农，菜农一般住在城郊。我父亲在清津市开了一家中国饭馆，做中国料理，自己当厨师，大姑和二叔也在饭馆里帮忙。后来父亲成了高级厨师，厨艺很有名。中国派英雄金笔代表团去朝鲜访问时，我父亲还被接到平壤去给他们供应膳食。

抗美援朝战争时期，清津作为工业城市和港口城市，受到美军的轰炸。美军看到大烟囱，就把它炸掉。那时候每个人家里都有防空洞，听到警笛就往里面躲避，很多华侨在那时被召回中国。很不幸的是，我的大姑在一次空袭中被炸死，姑父就带着他们的3个小孩回国了。当时年纪太小，也不知道他们回国后的境遇。二叔没待两年也早于我们回国了。

留在中国的小姑跟爸爸相差20多岁。小姑父参加过抗美援朝战争，回国后，留在西安某军工厂，任团级干部。停战后，小姑还到朝鲜探过亲。

林玉芝（左三）与亲人合影于朝鲜边境

二

我父亲在朝鲜待了一段时间，回到中国结婚，母亲是相邻村子的。婚后，我父亲只身一人返回朝鲜。几年后，把我母亲接到朝鲜，在朝鲜先生了姐姐，之后生了我，我还有3个弟弟和两个妹妹。

朝鲜是日本的殖民国，朝鲜人要说日语，我父亲也会说，我们在家里说中文。一开始我们不会说中国话，但是那个环境逼着我们去学，也有学校教授中文。弟弟妹妹说中国话不怎么流利，说朝鲜话却很顺溜。

我们华侨子女都在平壤中国人高级中学学习。当时不用交学费，学校还发给我们生活费和四季的校服。朝鲜政府对中国侨民非常优待。

朝鲜战争中，父亲的餐馆被美军炸掉了。停战后，又重新开始营业。1958年，朝鲜开始公私合营，我父亲积极配合，他的中国饭馆就由朝鲜政府和我父亲一起经营。饭店变成国家所有，父亲就在里面打工，继续当厨师。

朝鲜华侨中学通讯录中的林玉芝

三

虽生在朝鲜，但从内心来讲，我总认为自己是中国人而不愿加入朝鲜籍。中国电影（如《万紫千红总是春》等）让我们年轻的心激情澎湃，心想总有一天，要回去建设自己的祖国。父亲对我们的影响也是很大的。我父亲说："学习要好好学，事情要好好做，但时刻要记住自己是中国人。什么都好，就是不要加入朝鲜籍。"

在朝鲜，华侨只有加入朝鲜籍才能上大学。我姐姐中学毕业时不愿加入朝鲜国籍，和她的同学一样都想回中国建设自己的国家。1961 年，父亲先于我姐姐回国探亲，1963 年，姐姐和同班的同学一起回国。回国后，她寄居在山东青岛的二叔家。当时购买粮食要粮票，连买个饼干都是这样。当地侨联组织发了书本给我姐姐，但二叔不让我姐姐去上学。由于二叔家有 5 个孩子，加之我姐姐又带了个同学，二叔家生活很艰苦。于是，我姐姐和她的同学又辗转到了她同学姨妈家。后来，她们到过沈阳、到过南京，最后转到安庆农场，也就是我后来回国分配工作的地方。

四

1963 年，在姐姐之后，我也跟着同学回国，被分配到我同学的原籍——安徽。在合肥等消息时，侨联问我们愿不愿意去农场，17 岁的我想得很简单，只要有大米吃，开拖拉机都可以，于是我就来到安庆的皖河农场。1968 年，皖河农场在池州地区贵池县筹建东南湖农场，我随爱人调入，在农场里做场医，专门为场里的 500 多人看病。从此，在池州定居下来。1973 年，招收工农兵大学生，爱人说我条件符合，我有归侨身份和 8 年

工龄，于是我向场里提出申请，他帮我复习功课，参加完教委组织的考试后被皖南医学院录取。那时，我小儿子刚断奶，被我小婶带回上海抚养，大儿子才5岁，由我爱人带着，平常假日回来看看孩子。放寒暑假，再到上海看看小儿子。我在皖南医学院带薪上学3年半，学的是医疗专业，上午下午都上课。最后一年去马钢医院实习，老师带着我们，在各个科室轮转实习。毕业后要到基层去锻炼一年，我被按地区分回东南湖农场。虽然这里的工资待遇优厚、工作轻松，但我不想贪图享受，想让学到的知识有用武之地，于是要求调离。1978年，我被池州地区人事局重新分配到池州地区人民医院的妇产科。刚到池州地区工作时，很辛苦，要值班，还有急诊，常常需要加班，家里还有3个孩子，大儿子刚上小学，二儿子和小女儿还都年幼。刚开始做住院医师，1987年升为主治医师，1993年被提拔为副主任医师，2006年退休，后返聘3年，直到2009年因身体情况才完全退休。

1993～2000年，我当选为贵池市第十一、十二、十三届人大代表，2001～2006年当选为池州市人大代表、常委。我还是民主党派人士，20世纪90年代初，参加中国农工民主党。农工民主党经常组织我们去城里或乡下义诊，送医送药。去年，我还去了石台县大山义诊。参加义诊，我丝毫不觉得累。

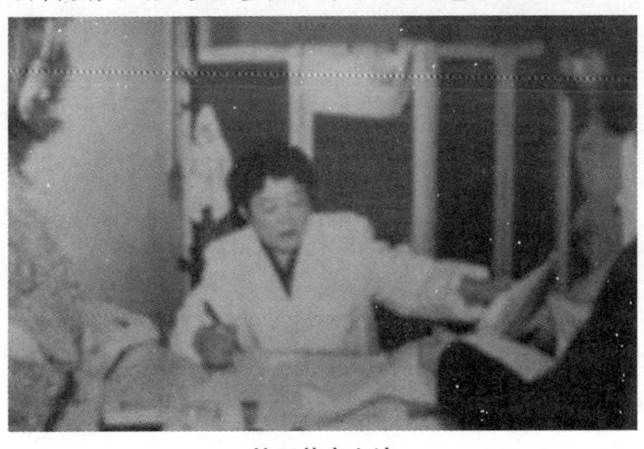

林玉芝在义诊

五

我们平壤中国人高级中学的同届同学大都1～2年聚会一次。由于同学大多分在东三省，只有我留在安徽，平时的联系较少。后来听说同学都在询问我现在在哪里。2011年7月15日到18日，原中国侨联副主席郭麟恭等人在长春组织了一次大型的朝鲜华侨中学师生联谊会，将平壤、清津、新义洲和江界华侨中学的师生聚集在一起，我是大会医疗组成员。聚会时，年纪都不小的校友们穿着五颜六色的衣服，心态甚是年轻。高兴地吃着饭，餐馆里饭桌还没撤，就开始跳起舞来。

林玉芝参加侨联会议

林玉芝（前排左四）参加朝鲜华侨中学归国同学聚会时与同学合影

2011 年 12 月林玉芝参加农工民主党会议

六

我的家庭生活现在很幸福，日子过得也很开心。大儿子是公务员，在国土局上班，二儿子自己开公司，小女儿毕业于广州暨南大学医学院。

我退休之后，上午和爱人一起围着家附近的百荷公园一起锻炼，然后他买菜，我做饭，下午看看电视，日子过得平静而充实。

从省侨联到市侨联，各级侨联组织对我们一直都很照顾，凡是该享受的优惠政策我们都能享受得到，因此，对于现在的生活，我很满足，算是知足常乐吧。

林玉芝夫妇和外孙女

祖国处处是我的家

——刘步云　口述

被采访者简介： 刘步云，男，柬埔寨归侨，祖籍广东汕头。生于柬埔寨，1951 年 3 月回国，在南方大学学习。1951 年参军，在部队立过三等功。1969 年退伍，在蚌埠市拖拉机附件厂工作，直至退休。

刘步云近照

采访时间： 2012 年 4 月 28 日

采访地点： 安徽省蚌埠市被采访者住所

采访者： 李怡嘉　程梦秋

整理者： 李怡嘉　程梦秋

一

我祖父年轻的时候来到柬埔寨，那时广东发生水灾，为了谋生，祖父就飘洋到海外。刚去的时候，在码头做工。到了我父亲那一代，生活安定下来。我母亲共生了 8 个孩子，我排行最小。我母亲在我 14 个月大的时候就去世了，我 15 岁那年，父亲也去世了。

父辈的生活在当地已经相当优越。那时的柬埔寨，华侨属于“上流社会”，住在市区，而当地人大多很贫困，生活在郊区。我在当地华侨开办的学校念书，读中文，教材也是华人编的。我小的时候很喜欢唱歌、喜欢参加活动，所以老师很喜欢我。小学的时候正值抗战爆发，学校组织义捐义卖，每一次演出都少不了我，老师都会叫我来唱歌、演小品。

父亲去世后，哥哥为了让我更好地生存，就送我去金边一所美式学校念法文和英文，我在那里读了 3 年。当时，学校里很多同学都参与了进步活动。他们经常带来一些进步刊物，像《解放军画报》、《民族画报》等；还有毛主席的书，像《为人民服务》、《论联合政府》、《纪念白求恩》等。文字中描述的祖国对于我来说是一个美丽的幻影，它既近在咫尺，又是那么遥不可及。由于经常接受进步思想的熏陶，回国的渴望在我心中“蠢蠢欲动”，慢慢成长。

二

1950 年，战火烧到了鸭绿江边。就像当时任何一个爱国青年一样，我满腔热血，一心想奔赴前线，保家卫国。经过半年的筹备，1951 年，我终于圆了自己的回国梦想，和同学一起坐渡船回国。轮船缓缓驶过湄公河，过去的一切离自己远去，再也没有回来，而日思夜想的祖国就在前方，触手可及，以前设想的种种一切，正在变成现实。

实话实说，我出身资本家，同行的几个同学家里都比较有钱。回国之前，柬埔寨的有关团体给国内写了一封介绍信。一行人来到广东一处华侨招待所，几个年轻气盛的小伙子说“我们要参军”，有人就拿了一个题目让我们写作文，题目叫“可爱的中国”。后来，我们几个同学被送到南方大学，学习政治、军事，同时进行训练，那时的校长是叶剑英。想起来也很有意思，

我们那个班是二步十九班，都是华侨，有两百多人。

一起回国的同学都考上了这所大学。有个同学吃不了苦，后来回去了，留下的几个老同学中，有的当海军，有的当空军，大家就这样被拆散，再也联系不上。

我被分到了空军，来到东北一所地区航校，去那里学机械、搞地勤。我们在航校的时候，就知道我们的空军很弱。教练有很多是俘虏过来的日本人，还有一些国民党的教官。在航校学习了一年，还经历过美国的飞机所进行的“细菌战”——冬天的时候，美国的飞机飞来往下扔蜘蛛、蚂蚱、臭虫之类的东西。我们穿得严严实实的，把它们都扫走。

毕业后，我被编入空军 5 师，准备参加抗美援朝战争。正收拾东西、准备要出发的时候，上面来了命令，把我们刚从航校毕业的人员调至唐山 28 师，没让我们去朝鲜。后来 5 师也没去，因为一般情况下空军是不过（鸭绿）江的。那时 28 师都是一个机种——被称为“空中坦克”的攻击机，是苏联产的飞机，型号是“ER－10”。

在部队的时候，我与家人失去了联系。1976 年，柬埔寨发动了大规模的排华运动，我的哥哥姐姐都没有逃脱，只活下来几个嫂嫂，逃到了泰柬边境。在那里，她们得到国际人权组织的救助，逃到了国外。我二嫂去了法国，三嫂去了美国，所以我现在在美国和法国都有亲人，不过，都是下一代，都是侄子辈在那边。

我当兵的时候，有一年国庆，我大哥和四姐回国来观光。我大哥找到我一个广东同学，那个同学告诉我他的住所，让我去看看我大哥。我那时在部队已经是中队长了，负责十多架飞机，因为工作性质特殊，领导不让我去见大哥。我大哥在国内待了一个月，没有见到我，就回去了。他在 1976 年去世了，我是很久之后见到嫂子时才知道的。

我在部队待了 20 年，一直在空军，去了很多地方，唐山、芜湖、蚌埠等等。

我在部队立过一次三等功。在平常工作之余，经常参加一些宣传工作（如出黑板报）。我当了中队长之后，工作认真负责，曾发现一次重大事故隐患，预防了事故的发生。我发现润滑油里进了水，润滑油进了水，就失去润滑作用了，会产生火花，那就要爆炸。我当机立断，及时报告给塔台，没让飞机再次起飞，如果强行起飞的话，那就要失事了。事后检查，发现是气缸出现裂纹。因为这件事，领导报告到南京军区，南京军区下文要通令嘉奖。那架飞机的教官、飞行员还有一个中队长对我非常感激。

三

我当时胃疼得比较厉害，领导让我到杭州空军疗养院，疗养了一个多月，把病治好了。我于1969年8月退伍，情况跟一般退伍军人还不一样。部队里的华侨到我这批已经所剩不多，都一批一批刷掉了。对于我这批，组织做了复员处理——组织给了我们一笔复员费，让我们到地方当工人。就这样，我来到了蚌埠市拖拉机附件厂。

我在国内没有亲人，无家可归。分配工作的时候，我就跟领导说，我没有家，祖国处处都是我的家，国家需要我在哪里，我就去哪里。当时在部队里是很艰苦的。我从东南亚回来，分到东北去，维修飞机时，零下30多度，还要进行露天工作，手肿得像馒头一样。夏天又很热，机械都是滚烫的，如果不戴手套，一摸飞机都粘手。

在地方，也是“以阶级斗争为纲”，原来在部队当中队长，手下有一两百人、十多架飞机，拿100多块钱一个月，到地方后每月拿三十六块三。原来在部队是正规军，是国家干部，现在连基干民兵都当不上。因为我有技术，就让我当修理工。当修理工，车洗铣磨都要会，不会就得学。我在这里当了11年工

人，7次被评为年度先进。

2006年，我回柬埔寨探亲。当时蚌埠拖拉机附件厂的董事长李建国知道我回国很多年没有回去过一次，他主动提出来让我回去看一看，圆了回家的梦，看看家里的变化怎么样，我就带着我的爱人回去了一趟。我母亲去世后，我的父亲又娶了一位后娘，生了5个孩子，四男一女。4个男的都在76年的时候死了，现在只有五妹生活在柬埔寨。她的丈夫是泰国华侨，当年被拉上汽车准备送去处死，结果不知道谁把他拉了下来，捡回了一条命。这次回去也见到了他，还见到了很多侄子、侄女。在柬埔寨待了半个月，国际旅费基本上都是厂里报销的，让我很感动，以前我们工资很低，加上我爱人有病，经济很紧张，如果不是厂里支持，我们就回不去了。

侨联组织对我很关心，我有困难的时候，省侨联和市侨联都帮助我，年年都来探望。我有一个女儿、一个儿子。女儿嫁到上海，儿子在蚌埠工作。我们从年轻的时候回国，到现在已经60年了，希望社会不要忘记我们这些年纪大的归侨，多关心我们。

海外留学10年①

——刘有成 口述

刘有成院士近照

被采访者简介：刘有成，男，1920年11月6日出生于安徽舒城，有机化学家。1942年毕业于中央大学。1945年，赴英国留学。1948年，在英国利兹大学有机化学系毕业，获哲学博士学位，随后赴美国西北大学从事博士后研究，1951年，到芝加哥大学任博士后研究员。1954年回国。1955年后，历任兰州大学化学系教授、系主任、系名誉主任、校学术委员会主任。1980年，当选为中国科学院学部委员（院士）。1987年至1993年，任兰州大学应用有机化学国家重点实验室主任兼学术委员会主任。1994年，任中国科学技术大学和兰州大学化学系教授。曾任第六届全国人民代表大会代表。2008年当选英国皇家化学会院士。

① 本文根据刘有成院士自述材料整理。

一

1938～1942年间，我在中央大学上学。抗日战争时期，中央大学由南京迁往重庆沙坪坝，并在离沙坪坝20余里的柏溪设立分校，一年级学生在柏溪分校，我进的是农业化学系。当时农化系的化学基础课都是与化学系学生同班上课的，给我印象很深的是一年级无机化学，讲课老师是倪则埙教授，他教的是普通化学，指定参考书是S. R. Brinkly著：Principles of General Chemistry，我每次上完课都要到图书馆看参考书，我对化学产生了兴趣。以后学有机化学时，讲课老师是高济宇教授，用的教材是J. B. Conant著的有机化学，我对有机化学特别感兴趣，课后经常看参考书，如P. Karrer著的有机化学，由此产生了想以后学有机化学的念头。

我在青年时期，中华民族处于灾难深重的年代，和许多知识青年一样，我有“科学救国”的抱负，想出国留学，但自知家境清贫，上大学靠政府贷金，要出国只能争取公费，自费绝无可能，当时公费留学的机会是很少的，只能等待机遇。

1944年下半年，机遇到来了，英国文化委员会（British Council）向中国政府提供了一笔奖学金，选派研究生去英国大学读博士学位，总名额有20余名，其中农业化学有一个名额。教育部举办考试，规定大学毕业两年以上的年轻人可以报考。我于1942年大学毕业后，先去经济部中央工业试验所任助理工程师，1943年2月回中大农化系任助教，当时毕业已逾两年，于是报考，结果被录取了。我在办理留学手续时，填表说明我出国学习有机化学的愿望。

二

1945年8月，我们留英研究生出国去印度加尔各答，在那里待了一个月，9 月由孟买乘船去英国。我们到达伦敦后，由英国文化委员会接待、安排分配学校。

1945 年 11 月，我去利兹大学学习。利兹大学化学学院分设 3 个系：无机和结构化学系、有机化学系、物理化学系。英国大学系分得比较细，每个系只有一位教授，其他的都是高级讲师和讲师。有机化学系的教授是恰伦吉（F. Challenger），他原先研究石油中的硫化物和发酵，后因研究生物甲基化而出名。1931 年英国发生两起因含砷颜料的墙纸发霉引起的砷中毒事件，恰伦吉带学生进行研究，确认有毒气体为三甲基砷，是由一种霉菌作用于砷化合物产生的，故称之为“生物甲基化”。恰伦吉发表过几篇综述，恰伦吉教授待我很好，他先安排我补习有机分析试验，听了一门微生物学的课，然后做科学研究。我做的题目为“霉菌为含有甲硫基和甲硫鎓盐的作用”，论文发表在荷兰化学会志（Rec. Trav. Chim. Pays—Bas，1950）。

英国大学研究生一般学习 3 年就可以毕业，拿到哲学博士学位，我是 1948 年 12 月毕业的。毕业之前，我感到出国一趟不容易，想去美国大学做一两年博士后，然后回国。我把想法跟恰伦吉教授谈了，他热情地答应写信给美国同事联系。不久，我收到了美国西北大学化学系瑞格尔（B. Riegel）教授的来信，邀请我到他那里做 Research Associate，我拿着信去美国驻利物浦领事馆申请签证，被拒绝了。我写信告诉瑞格尔教授，他很快回了信，附有给美国领事馆的一封信，说他要聘用的人需要具备有机化学和生物化学两方面的专业经验，我是最合适的人选，他给我的职称是 Research Associate（Associate Professor）。我拿了这封信再去利物浦美国领事馆，签证就拿到了。我告诉了瑞格尔教授，他很高兴，催我快点儿到美国去，说去美机票和纽约去芝加哥的火车票由他负担。

1946年摄于英国利兹大学

三

我于1948年12月1日由伦敦乘飞机去纽约，从那里转赴芝加哥。利兹大学于1948年12月5日举行毕业典礼，我没有参加，我的博士学位证书是利兹大学随后寄给我的。

西北大学坐落在芝加哥北边的埃文斯顿市，两市只有一街之隔。西北大学的理工学院（Technological Institute）有很大的一座井字建筑，全部用石头建成，化学系就设在里面。瑞格尔教授专门研究甾体化学、致癌芳烃、维生素 K 等，他有美国癌症协会（American Cancer Society）资助的一个项目，研究甾体激素代谢与癌症之间的关系。“二战”时期，美国利用核反应堆制备放射性同位素，许多研究工作者用碳 14 标记物研究有机化学反应机理和生物代谢过程，结果引人注目。瑞格尔教授要我合成 17α－乙炔基睾甾酮－20，20－C^{14}，它不是从动物体内分离出来的激素，但却具有孕甾酮的功能。

1950 年摄于美国西北大学

美国大学聘用 Research Associate 的现象很多，尤其在研究型大学更是如此。Research Associate，我不知道怎样翻译才确切，按我的理解，它和博士后研究员（Postdoctoral Fellow）有点区别，博士后研究员作为博士学历的延伸，一般需读两年，取得一些研究经验，找到合适的工作后离开，而 Research Associate 是专职科研人员的职称，可以做很长时间。回国以后，我填表的时候有时把西北大学的这一段学术经历写为博士后研究

员，两者在学术经历上来说是类似的。

瑞格尔教授交给我任务时，只是在一张纸上写了一个合成化合物的结构式，余下的事就靠自己去摸索了。放射性碳 14 是以碳化钡形式出现的，用量是一个毫居里，封装在一个口服胶囊大小的玻璃管内。我查阅了文献，设计了一套玻璃反应装置，制好后把它接到真空线上操作。我先用一般的碳化钡做实验，一次就成功了。结果发表在 J. Org. Chem. (1951)。我还做过一些用上述放射性激素注射到小白鼠体内的代谢分布实验。

随后，瑞格尔教授又要我合成 B 环含碳 14 的胆甾醇，用它进行生物的代谢研究。文献中有合成 A 环含碳 14 的胆甾酮的报道 (R. B. Turner，J. Am. Chem. Soc.，1950)。事实证明，在 B 环上引进碳 14 的合成工作要困难得多，我把 B 环打开后，探索引进碳 14 再进行关环的合成路线，做了一年多的实验都未成功，最后只得放弃了。

我在西北大学时期参加了美国化学会和 Sigma Xi 学术团体。西北大学化学系为研究生开设了许多专业课程，这是美国大学研究生教育的一个特点，我听过化学动力学和化学热力学两门研究生课程。

年轻时的刘有成（摄于 1951 年）

四

我由英国去美国时，原来打算只待一两年就回国的，不料1950年朝鲜战争爆发，接着中国开展抗美援朝斗争，美国不让留美中国科技人员回国，我被迫留了下来。我在西北大学工作结束时，由于不能回国，瑞格尔教授与芝加哥大学化学系卡拉施（M. S. Kharasch）教授联系，推荐我去做博士后研究员，卡拉施答应了，我遂于1951年11月1日转到芝加哥大学任博士后研究员。

芝加哥大学坐落在芝加哥市南边很大的一片绿草如茵的园区内，全部是哥特式建筑，那些四方院和塔与牛津大学的很相似。芝加哥大学是一所国际性大学，外国留学生、博士后和访问学者很多，校园东边有一座国际公寓，我刚去时就住在那里。

1952年摄于美国芝加哥大学

卡拉施教授出生于犹太人家庭，幼年时随父母由乌克兰移居美国，在美国接受教育，并在芝加哥大学取得博士学位。他曾在马里兰大学执教过，1930 年回到芝加哥大学任教，一直到 1957 年因公出差去欧洲时发病逝世，时年 62 岁。卡拉施最出名的工作成果是他和合作者于 1937 年发表的溴化氢在过氧化物存在下对烯烃加成的自由基链式反应机理（J. Org. Chem.，1937），一般有机化学教科书中称之为“过氧化物效应”。自由基化学和高分子聚合有密切关系。“二战”时期，美国组织了很大一批力量研究合成橡胶课题，卡拉施教授在芝加哥大学的一个组就是做这方面研究的。我是外国人，没有参加应用性课题研究，卡拉施安排我做的题目都是与 2，4-四甲基戊烷有关的基础性研究，我想目的是与探讨丁基橡胶的特殊稳定性有关，因为丁基橡胶基本链结构为 2，4-四甲基戊烷。我做过的反应较多，其中有一个反应是二叔丁基甲基氯化物和格氏试剂在二溴化钴存在下反应产生的二叔丁基甲基发生甲基的 1，2-迁移（J. Org. Chem.，1954），这是这类自由基重排的首次报道。我回国以后很想继续开展这方面工作，可惜由于条件不具备未能进行。

我在芝加哥大学期间，请同时在卡拉施教授手下工作的英国来的博士后和瑞士来的博士后分别介绍我参加了英国化学会和瑞士化学会。同时，我还参加了全美科学促进会（American Association of the Advancement of Science），它是主办《Science》杂志的学术团体。

卡拉施教授工作十分勤奋，他在校外兼职很多，经常出差，但一回来就到化学实验室来，我经常看到他星期六到办公室工作。他每年都送来请柬很热情地邀请研究生和博士后到他家作客一次。

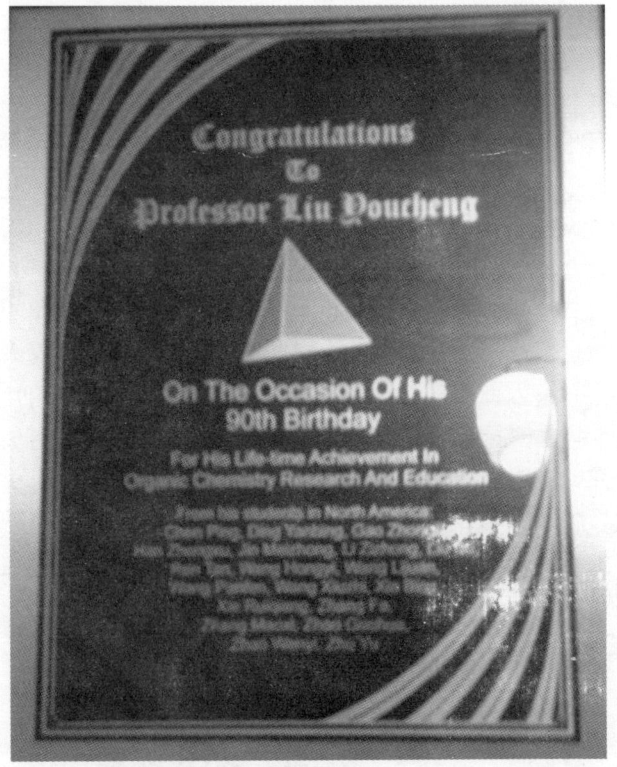

刘有成院士 90 寿辰时其在美学生为表祝贺而制作

五

1954 年 4 月，日内瓦会议召开，传来了一个振奋人心的消息，中国政府要求美方释放被扣留的中国留美科技人员，我相信有希望回国了。我对卡拉施教授谈了我要回中国的想法，开始他不同意，但我一再坚持，他还是答应了。卡拉施教授对我说，回到中国以后要继续进行科学研究，脑子里要想好一些项目，根据条件可能开展研究工作。他结合自己的经历，开始时

做过杀菌剂研究，一度由于缺乏实验条件，他改做燃烧热的计算，后来回芝加哥大学执教，才做自由基化学研究。我请他写封推荐信，他答应了，并给我一个月的假期，我可以出去玩玩。

然而，我久久没有接获美国移民局让我回国的通知。由于生活所迫，我于 1954 年 6 月到芝加哥的西北大学医学院的一所研究医院临时工作了 5 个月，作为研究化学家，研究含碳 14 的高级不饱和脂肪酸的合成路线，以进一步用于脑代谢研究。我有甾体化学研究经验，没费多少事就把合成路线研究出来了。1954 年 10 月，美国移民局芝加哥办事处通知我，撤销了 1951 年不准我离开美国的禁令，我可以离开美国，限期一个月内离境。我马上辞去了临时工作，订了回国机票。

我是 1954 年 11 月 29 日由美国旧金山乘“威尔逊总统号”轮船回国的。我到旧金山时，收到了卡拉施教授寄来的推荐信，写信日期为 1954 年 11 月 20 日。

信文如下：

Universty OF Chicago

Chicago 37 · Illinois

Department OF Chemistry

Hemical Laboraiosy George Herbert

Jones Labobators

November 26，1954

To Whom It May Concern：

Dr. Y. C. Liu has worked in our Department on various research problems for the last two and one－half years. Some of the results of his research activities have already been published; two other papers are in the process of preparation.

Dr. Liu has shown an unusual interest and devotion to chemistry and he is a mature investigator. He has an excellent knowledge of classical organic chemistry as well as of modern trends in both experimental and theoretical organic chemistry. He is an excellent speaker and organizes his lectures moat carefully; his presentation is very lucid. I am sure that he will make an excellent addition to any chemistry department, and I recommend him for any position dealing with chemistry without any qualifications.

Very truly yours,
M. S. Kharasch
Swift Distinguished Service
Professor of Chemistry

MSK/es
Dr. Y. C. Liu
O/O S. S. President Wilson
American President Lines
San Francisco, California
Air Mail—Special Delivery

1954 年刘有成（前排右一）回国，在香港九龙与部分留美同学留影于“威尔逊总统号”甲板上

是卡拉施教授把我引导到自由基化学这一领域的，在我离开美国回国之前，他实践了他的诺言，把推荐信寄给了我，这种师生情谊，我是不会忘记的。

“威尔逊总统号”轮于 1954 年 12 月 20 日到达香港，我们一批归国留学生当晚乘火车回到了深圳。在即将回到祖国前，我们同船回国的留学生在船上合影留念，这张照片我一直保留着。1998 年 6 月，我把它赠送给中国革命博物馆，博物馆给我颁发了捐赠文物证书。2003 年 4 月，中国国家博物馆举办“求学海外建功中华——百年留学历史文物展”，我应邀参观了展览，在《第三部分 无悔丹心报国》展品中，我看到了我捐赠的照片和资料。50 年过去了，参观回来后，我就想把海外留学 10 年这段经历写出来，作为我的自述。

建国 60 周年时，刘有成被有关部门誉为
“影响中国的 500 位专家”之一

相信党，相信未来

——鲁昭亮　口述

被采访者简介： 鲁昭亮，男，日本归侨，祖籍安徽安庆。1939 年出生于日本，1941 年回国。1961 年被分配到怀宁县工作，先后经历过六、七个单位。1983 年正式调入安庆市外事侨务办公室工作，分管侨务工作 18 年，曾任安庆市侨联驻会副主席，1986 年正式加入中国共产党。

采访时间： 2012 年 4 月 25 日

采访地点： 安徽省安庆市被采访者住所

采访者： 董　岱　韩丽丽

整理者： 董　岱

一

我的祖父、祖母均生长在安庆。当时，我们是大户人家，祖父母共养育了 13 个子女，除了早年夭折的以外，还有三子两女，三房共有近 30 人生活在一起。家庭仅靠卖菜维持生计，家境十分贫寒和艰苦。我的父亲鲁承聚 1908 年生于安庆。为了养家糊口，父亲 16 岁的时候，也就是 1924 年，随着堂兄鲁承义远赴日本，当时主要是在日本帮工，劳动很艰苦，算是用血汗换来的报酬养家糊口。当时在日本挣的钱还必须通过香港才能转寄过来，大费周折。虽然家境还是十分贫困，但是父亲转寄回来的工钱还是给家庭带来了希望，提供了保障。

为了改变家庭的贫穷状况，我父亲先后又将两个弟弟带到日本，继续帮工以谋生。在长达十几年的帮工历程中，他积累了一些资金，开始做起了厨师工作，后又以经营玩具店等为谋生手段，把钱寄回来，赡养家人以摆脱困境。

第二次世界大战爆发后，世界风云突变。在长达 8 年的抗日战争中，流亡在海外的华侨在政治上、生活上遭受了种种迫害，逮捕、追剿、排华是常有的事，华侨在生活上饥寒交迫、苦不堪言。虽然如此，但我感受最深的是前辈老华侨为维护华侨华人在日本的正当权益，用实际行动同日本极右分子作坚决斗争。我父亲的大哥鲁承义最早去日本，后来组织华侨爱国人士建立“皖江华侨联谊会”，他是该会会长，父亲任联谊会委员、常委等职。他们的任务主要是配合祖国开展抗日战争活动、传递和宣传祖国文化，开展爱国活动，为弘扬爱国主义精神作出了应有的贡献。

日本发动全面侵华战争后，在日的华侨更加难以立足，到处都是漂泊流浪者，我父亲也遭到迫害，遂于 1941 年把在日本的 4 个儿女送回中国，当时母亲因病去世。随后父亲因在日本无法立足，被迫流亡到德国，做帮工多年，直到日本战败投降后，父亲才从香港转道回到日本东京、神户等地定居下来。

鲁昭亮（右一）在日本拍的照片

鲁昭亮在日本拍的照片

二

父亲将我们兄妹 4 人送回中国时，我还不到 3 岁。在祖父母的精心照顾和培养下，度过了童年、青年时代，踏上了上学求知的道路。我在上学时，从小学、初中、高中到大学的学费都是全免的。高中是在安庆一中念的，我记得我考一中的时候好像吃东西吃坏了肚子，身体很不舒服，高烧到 39 度多，但是我想一定不能错过这个考试的机会，最后还是被车送过去参加了考试。

安庆一中是个很好的学校，当时敬爱的毛主席来安庆视察就到过安庆一中，我亲眼见到毛主席，感觉非常自豪。那是 1957 年，那个场面我记得非常清楚，毛主席穿着灰色的中山装，下船以后，站在台阶上，他亲切地向我们两边迎接的学生招手致意，并发表演讲。见到毛主席是我终生最大的幸福，这是件很不容易的事情，对像我们这样有海外关系的人来说，是很难得的。

改革开放后，国家开始落实侨务政策。我在政治上重见光明，享受到了公正平等待遇。由于我工作努力、成绩突出，被安徽省侨联列为第一届旅游观光团的成员，并于1983年正式调入安庆市外事侨务办公室工作，分管侨务工作18年。在这之前的22年，我是在怀宁工作的，大学毕业后我被分到怀宁县，先后在六七个单位工作过。

我的前半生比较波动，后半生比较稳定。1986年，我正式成为一名中国共产党员。安庆地区侨联成立后，我被选为第一、二、三届委员。这是我做梦都没有想到的。

总体来说，解放后，我的家乡发生了翻天覆地的变化，特别是改革开放30年来，我们祖国在政治、经济、文化、军事、科学技术等各个领域的发展已经走到世界大国的前列，成为强盛国家之一。这些都是在中国共产党和中国政府英明领导下而取得的丰硕成果。

三

我从事外办机关和退休干部党支部组织工作27年。退休后，我离岗不离职，积极发挥余热，努力做好外办老干部支部工作，竭力为老干部做好优质服务。2011年6月被中共安庆市委组织部和中共安庆市委老干部局评为“四好”离休干部党员，并颁发了荣誉证书。我一直按照《党章》严格要求自己，始终保持一个共产党员的本色和晚节，用自己的行动影响和教育下一代。

我爱人原在安庆市百货公司当副经理，现已退休。大女儿鲁萍曾到日本九州留学，现在上海外资企业工作，小女儿鲁丹在天津市外资企业工作。我现在的生活过得开心而舒适。

2003 年 1 月，安庆市第四次归侨侨眷代表大会全体代表合影

2004 年 4 月鲁昭亮（右二）参加有关会议时与其他代表合影

现在的幸福生活都是共产党给的

——鲁昭善　口述

被采访者简介： 鲁昭善，男，日本归侨，祖籍安徽安庆。1938 年出生于日本，1942 年回国，1959 年从安庆一中毕业，进入安徽医学院学习。大学毕业后分配到安庆卫校（现在的安庆医药高等专科学校）工作。1982 年当选为安徽省侨联常委，系安庆市侨联原兼职副主席。

采访时间： 2012 年 4 月 25 日

采访地点： 安徽省安庆市被采访者住所

采访者： 董　岱　韩丽丽

整理者： 董　岱

一

我的父辈是海外华侨。侨居在国外的华侨都非常热爱祖国。现在国家强大了，可以说侨胞在海外更加热爱祖国了。作为一个老归侨，我的确深深地体会到，没有中国共产党，就不会有海外侨胞目前的这种状况和现在的地位，当然更没有我们归侨现在国内这么好的物质条件。作为一个老归侨，我把父辈给我们的教导一直记在心里，对过去的事情和苦难的岁月不会忘记，更不会忘记共产党的恩情，这些都是心里话。

若要回忆过去的事情，可以说都是历历在目。大概在 1910 年的时候，我们这个大家族有 24 个人侨居在日本中山市。为什么去日本呢？那是因为当时国内的生活比较艰苦。在那暗无天

日的旧中国，苦难的人们为了谋求生活，被迫背井离乡，流浪国外。最先去的是我的堂伯父鲁承义。他 13 岁时开始在国内各大城市流浪。当时上海有个美国的大莱轮船公司，该公司大轮经常停靠在上海的黄浦江边。他跑到一艘大轮上当厨工，跟在老师傅后面学，学得非常好。后来这艘轮船停靠在日本神户市，他下了轮船，来到一家美国驻日侨商那里做厨师。他能说会道，美国人很喜欢他。他立足下来之后，回国把我的父亲、鲁昭亮的父亲（我的伯伯，鲁昭亮的父亲，他们是大房的，我是二房的），还有小老（小叔）都带到日本。他们都在日本学做厨师，兼通中西厨艺。

父亲出国时只有 18 岁。当时，有很多德国人在日本开公司，我父亲便在一家德国人开的公司做厨师，以此谋生。几年以后积攒了一些钱，开了个作坊。作坊就是前面是店，后面是坊。做什么呢？做的是面包、糖果等生意。他都是自己经营，经营得还不错。之后就回来，把我母亲接到日本，我母亲是童养媳，10 岁就来我家了，18 岁到日本，他们在日本结了婚。那个时候侨界结婚非常热闹，有很多照片，真有几大箩筐，可惜在“文化大革命”时全都被收上去了。这些珍贵的照片我后来去找，再也找不到了。

在孙中山先生领导的辛亥革命影响下，住在日本神户市中山的华侨联合成立了一个“皖江华侨联谊会”，我的堂伯父曾任该会会长。“皖江华侨联谊会”成立的宗旨有 3 条，第一条就是救济侨民，也就是救济那些生活贫穷的侨民；第二条，给海外没有工作的侨民介绍工作；第三条，开展一些爱国活动。开展这些工作所需的费用都是由会员每个月交会费而来，会员都是凭着单纯的爱国之情去做事。

1937 年卢沟桥事变后，日本军国主义发动全面侵华战争，国民政府奉行“攘外必先安内”的政策，消极抗日，积极准备内战，一片大好河山受到日本帝国主义的糟蹋，中国老百姓处在水深火热之中。当时的海外侨胞，可以说是义愤填膺，大家都与祖国人民心心相印，同甘共苦，团结对外。据我们的亲戚回忆，抗日战争期间，皖江华侨联谊会在我的堂伯父的主持下，曾经以支援国内灾区人民为名义，积极为抗日战争进行募捐，另外还组织华侨公学的学生进行募捐演出，为抗日作了一份贡献。华侨公学是华侨子弟学校，学费基本全免，华侨子弟可以在该校一直上到高中。华侨联谊会会员都非常支持这些爱国活动，都慷慨解囊，最少的捐了一元日币（那时候日币很值钱），最多的捐了五六百日元。我曾听堂兄说，个别侨民甚至把整个月的工资都捐了，以表达他们的满腔爱国赤诚。华侨公学学生经常停课走上街头或在“联谊会”会堂进行募捐演出，也有当地日本人前去观看演出。当时演出的都是30年代国内进步剧，如《小小画家》、《渔光曲》等，都是非常具有爱国主义的话剧。华侨联谊会的年轻会员在抗日战争期间抱着报效祖国的大志，不顾路途艰险，远涉重洋，毅然返回祖国，直接参加抗日活动，有的还跑到延安去了。我的堂兄鲁昭旺原本打算到延安，结果经过一个朋友的介绍，跑到上海国民党那边去了。

我的堂伯父鲁承义非常爱国，据说经常在日本街头对着日本人怒骂日本法西斯强盗，并抗拒为日侵华募捐。因遭在日本的汉奸出卖，堂伯父不幸被捕坐牢，我们全家都受到日本警方的监控。堂伯父在狱中受到日本警方的严刑拷打，还上过电椅，结果导致身体残废，出来之后不久就去世了。临死前，他对我们说：“你们不要忘记祖国，我死了以后，你们千万要记得把我的骨灰带到家乡去。”当时不少华侨联谊会的成员被赶到北海道做苦役。我就是在这样的情况下被迫回到了祖国。

二

我出生在国外，1942年回国。从初中到高中，家里生活都

非常困难，一日三餐吃的是豆渣、水和野菜，很少有大米饭。直至1948年父亲才回来，随身带着大概有6万美元的钱，买了座房子，18个人住在一起，坐吃山空。

解放前夕，国民党军队来到我们家，不但住在我们家，还把我们家的米油洗劫一空。后来人民解放军来了，都露宿街头，连一针一线都没有拿我们的，我们很感动。解放军不愧是人民的军队，两种军队，截然不同。

在党和政府的培养下，我从初中到高中均享受助学金，免费入学，初中毕业前夕光荣地加入了共青团。初三时由于成绩优异，被保送到安庆一中。特别值得一提的是在高三的时候，伟大的领袖毛主席来视察安庆一中，当时我的班主任，现在已经退休了，是一个很好的老师，他跟我说："中央要来人，我知道你的父辈在海外，你家人都很忠厚，你学习也很优秀，你可以参与迎接毛主席。"于是在那天下午1点钟，我们都戴着破草帽、穿着破衣服去迎接毛主席。毛主席来了就问我们是学生还是工人，我们说我们是学生，还问我们炼铁技术有没有学会，有的说"能"，有的说"会"，毛主席非常高兴，我们还和毛主席合影，留下了一张珍贵的照片。这件事对我来说终身难忘。我把这件事写信告诉海外的亲戚，他们都很高兴。

高中读完后，我顺利毕业，进入安徽医学院（也就是现在的安徽医科大学）就读，毕业后被分配到安庆卫校（现在的安庆医药高等专科学校）。我教学认真负责，水平也还可以，而且一直积极进行临床实践，努力使理论与实践相结合。粗略统计，我全年除1/3的时间在校任教外，其余2/3的时间均在医院从事临床工作。为了坚持教学与实践相结合，我主动放弃了11个寒、暑假的休息时间，投身医疗工作的第一线。在教学中我还注意努力提高教学质量，做到认真备课，不敷衍了事。每学年教材变化大，新的内容多，我就参考全国各大中院校相关教材及有关杂志，力求授课内容符合教纲要求。授课中注意使用启发式，为了使学生能听懂记住，我常采用比喻法、以姿式助教法等，并运用图谱、解剖标本和模型，帮助学生加深对教材的理解。为了使同学们熟练掌握眼球解剖构造，课前我亲自到肉厂弄来十余只猪的眼球，以供同学们解剖用。同学们听了眼球解剖系统知识后再进行实际解剖，对眼球解剖构造就不难理解和掌握了。为了做到理论和实践相结合，我经常把病人带到课堂上，边讲解边示教，有时请有五官科疾病的同学在课堂上亲述自己的病状，这种教学方法据同学们反映收效较好。

“文革”期间，由于党的侨务政策受到了严重破坏和干扰，我耳闻目睹不少归侨、侨眷遭到迫害。在那动乱的年代，我和其他归侨、侨眷一样处处小心谨慎、奉公守法，唯恐亲人家属或自己挨整。我对祖国的赤子之心始终没有动摇，坚持为人民多做点有益的事。我和其他教师一道赴农村搞巡回医疗和培训农村基层卫生人员。经我亲自参加培训的农村基层卫生人员有120人左右，治疗各科杂病共计有5000例左右，其中，治疗耳鼻喉科常见疾病约240例，治疗严重外眼病患者计约500人，给严重外眼患者实施手术约250例，解除了病人长期以来的病痛，使某些患者能继续参加劳动生产。

除了教学、赴农村巡回医疗和培训农村基层卫生人员外，其余时间我基本上在安庆地区医院上班。我努力从实践中提高自己的教学能力。在医院上班期间，我一直坚守工作岗位，遵守医院各项规章制度，注意提高医疗质量、改善服务态度。长期坚持教学与看病相结合，注意向同志们学习。据我粗略统计，我十几年来共接诊9万余人次门诊病人，其中做门诊小手术600人次，治疗住院病人计400余人，其中经本人及科室同志协作施以大小手术计有300人次。

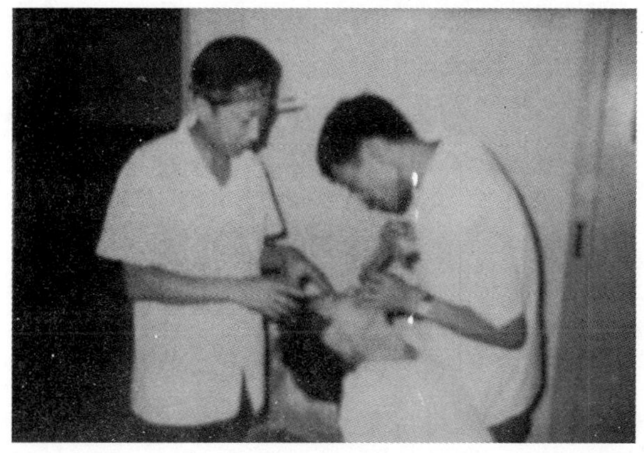

鲁昭善（左一）工作照

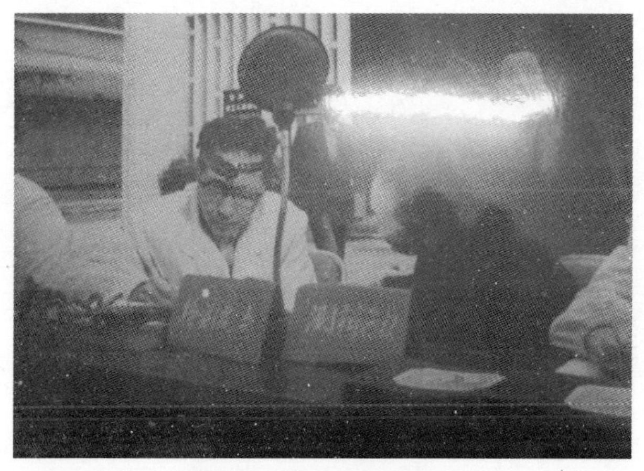

工作中的鲁昭善（左一）

回国后，我尽力搞好本职工作，“文革”期间，“上山下乡”和农民同吃同住，去过潜山、岳西等八个县，毕业以后，又搞了一年的插农，一天三餐，唯一的菜就是竹笋，有的时候买几个鸡蛋就算是荤菜。

1983 年，安徽开始筹建侨联，安庆地委和组织部让我参与筹建安庆地区侨联。1982 年，我被推荐到省归国华侨联合会，经过大会选举，我被选为常委，我连续当了 3 届，这就是党和政府给我的荣誉。组织部同志曾到我家来，动员我脱离医疗工作，完全搞侨联，但是我离不开医疗工作，所以地市合并、市侨联成立后，我是兼职副主席，不脱产。我们的地区侨联主席是老红军，印尼归侨。回忆以往生活，总觉得现在的幸福生活都是共产党给的，我从内心里感激党。

1982 年 4 月安徽省归国华侨联合会第一届常务委员会委员合影
(前排左二为鲁昭善)

三

我有两个孩子，小儿子在安庆医专的图书馆工作，他的计算机水平还可以。大儿子在北京一家公司搞平面设计，我的亲家，也就是我大媳妇的父亲是印尼归侨。

我父母结婚后，生了 4 个子女，我是老三，我上面有两个姐姐，下面有个小妹。解放前期，父亲回来了。鲁昭亮的母亲

（就是我大妈）在国内不幸得肺痨死了，后来我大伯伯在日本找了个女人，结了婚。我原来的中国大妈生的4个孩子都回来了，而昭亮的父亲和日本的大妈及他们在日本所生的3个子女仍在日本，我与他们没有太多的联系。我大伯伯给我的日本大妈取了个中国名字，叫鲁爱华，表示对中国的热爱，现在我的大伯伯已不在人世，日本大妈还在。粉碎“四人帮”后，我的大伯伯曾回来过，回来探望全家老幼，也看望我们一家人。骨肉亲情，紧密相联，当父亲和我去宾馆看望他老人家时，他两兄弟见面唏嘘不已，感慨颇多。

一生未了侨务情

——麦红生　口述

被采访者简介： 麦红生，女，越南归侨，祖籍广东中山。1947 年在广东出生后被带到越南海防，1957 年回国，到长春定居、读书。1966 年中专毕业。1974 年，在合肥化工企业从事财务会计工作。1982 年，调到省侨联工作，任财务会计兼出纳、调研员。2007 年退休。

采访时间： 2012 年 7 月 8 日

采访地点： 安徽省合肥市被采访者住所、省侨联办公室

采访者： 毕　清　谷　新　吴　青　朱　晖

整理者： 谷　新　吴　青

一

我祖籍是广东中山，是越南归侨，从事财务工作 43 年、侨务工作 25 年，直到 2007 年退休。

“唱支山歌给党听，我把党来比母亲；母亲只生了我的身，党的光辉照我心……”这首歌曲是我在省侨联举办的侨界新春联欢会上的保留歌曲。每每唱起这首曲子的时候，我总是心潮澎湃、热泪盈眶。这首歌是我发自肺腑的心声，我由衷地热爱中国共产党，热爱我亲爱的祖国。作为炎黄子孙，能沐浴着党的阳光雨露、立足在强大的祖国土地上工作和生活，是多么的幸福，多么的骄傲和自豪。

我的外公早年远渡重洋，到加拿大谋生，开了家洗衣店，

虽未发迹，倒也生活无忧，经常汇款回国。

我的父母早年毕业于中山大学，一生从事教育事业。1937年，日军侵华时，为躲避战乱，父母亲带着我的两个哥哥和两个姐姐到香港定居。期间，在香港报纸上看到越南华侨学校需要聘请一批优秀华侨老师任教的消息，于是，便带着孩子坐船到越南海防市华侨中学任教。我父亲在校教数理化，母亲任班主任，并教授中文、历史、音乐等多个学科，深得师生的好评。我母亲对学生很有爱心，学校有一些别的老师不肯收留的调皮捣蛋的“坏学生”，我母亲总是尽量收留，经我母亲开导、调教后，这些学生都成了优等生。如今，我父母桃李满天下，学生遍布世界。2007年，我参加了第十一届世界越棉寮华人团体代表大会，在联谊会晚宴上，我就碰到一位姓李的华侨，交谈中，得知他是我父母的学生，一提起麦老师、陈老师，他激动不已，至今记忆犹新、念念不忘、赞不绝口。我父母曾这样说：“许多学生毕业出国后，就断了音讯，无法联系，今后若有机会，能够和这些学了们重逢，该有多开心。”

我在越南海防华侨小学读书，也学习了不少越南语，我哥哥姐姐在越南河内华侨中学上学。我童年常与儿时的玩伴一起跳竹子舞、做游戏，还是非常幸福快乐的。我父母是老师，教师的子女可免费上学。

我两个哥哥高中毕业后，回祖国求学。组织上安排他们到北京华侨补校补习。后来，他们都考上了大学。大学毕业后，我大哥麦嘉藤在山东科技大学做教授，先后任山东省泰安市政协副主席和侨联主席；我三哥麦嘉诚在长春第一汽车制造厂为苏联专家当科技技术专业俄语翻译。如今两位哥哥年事已高，多年来，一直得到了组织上无微不至的关怀。我二姐麦河生，曾在合肥化工局工作，连任两届合肥市人大代表，做过合肥市侨联委员、合肥市青联委员、安徽省第八届人大代表。如今她已70多岁，现居住在广东。

1947年，我母亲回国度假，生下我后，又带我回到越南。我在越南度过了11年，1957年，随母亲和姐姐回到祖国。父亲和大姐、弟弟、妹妹们还留在越南。我大姐在姊妹中排行老大。我大姐如今已经80多岁了，一家人在越南西贡市定居，外甥们在越南的工厂工作。由于战争的阻隔，我和我大姐40年都没能见面。直到1978年元月，我到越南探亲，才与大姐一家团聚，姐妹两个欣喜异常，抱头痛哭。后来，通过世界红十字会，着手办理接他们回国的手续，但因受政策所限，只能安顿在广东的华侨农场，他们放弃了回国的机会。

我父亲曾多次回国探亲，与我们团聚。1978年3月，我父亲和弟弟、妹妹们受到排华的冲击，回到中国，被安顿到广东博罗华侨农场工作。我父亲回国不久就因病去世，我小妹在广东做了中学老师。我弟弟麦家强回国后参军，在与越南的自卫反击战中，到前线做了中国部队的越语翻译，后来转到地方，在广东河源市工作。

二

我于1957年回国读书和工作。1974年，调到合肥化工系统企业做材料会计工作。1982年，安徽省筹备成立省侨联，我被调到省侨联任财务会计兼出纳工作。侨联刚刚成立时，编制才5名，人少，工作量大。我除了做会计工作外，还要兼顾办公室的事务性工作。我是归侨，非常热爱侨联事业。平时，为各个地市来的会议代表做好服务和接待工作。比如，芜湖市来上访的一位老归侨来反映他的工资待遇问题，我认真向他讲解法律法规，讲了许多有关工资的政策，并做他的思想工作，他很快解开了心结，侨联的时任领导也给他发了路费，他深受感动，表示到了侨联让他体会到了归侨之家的温暖，满意地回去了。我买好票，大热天把他送上火车，我才放心回到家中。

三

对待老归侨，领导很重视，数次派我跟团出访，使我有了更大的平台，开阔了视野。我更加积极地做好各个方面的服务工作，主动热情地和他们交心。在各次大型的会议中，我精心做好服务，深得与会代表的好评。

2001年，领导让我参加了安徽省侨联艺术家小组。我们小组一行7人随“中国侨联常委代表团”赴泰国、香港访问演出。我作为安徽省侨务干部及安徽省梅兰芳京剧研究会的会员，作为优秀京剧票友参加了演出，演了《红灯记》选段，受到观众的热烈欢迎。在与华侨的小型联欢中，我扮演了阿庆嫂，活跃了气氛。

2003年，我参加了在广州举办的“世界越棉寮华人团体联合会第十一届会员代表大会”。作为越南归侨代表，在会议的几天时间里，我努力向侨胞宣传安徽、宣传侨法，介绍祖国欣欣向荣的新面貌，表达安徽同胞对海外亲人的亲切关怀与问候。来自世界各国的1000多名归侨参加会议，其中也有部分台独分子。由于政治观点不同，许多人争得面红耳赤，我们都怒斥了台独分子“两个中国”的观点，当时一位老华侨很激动地说：“我们就只有一个家，名字叫中国，这是炎黄子孙的共同心愿，谁也不能分裂中国!”这是广大华侨的心声，每一个爱国的人都会为之动容，那一幕至今仍记忆犹新。这次代表大会影响很大，充分体现了老华侨和新华侨的爱国主义精神。

2006年4月，应澳门缅华互助会的邀请，我和其他两位同志一起赴澳门参加了澳门缅华互助会35周年会庆暨第十一届澳门缅华泼水节活动。在近千人的晚宴上，借着晚宴提供的交流大平台，我上台即兴发言，再一次宣传了安徽，同时，表演了国粹京剧《红娘》选段，受到与会代表的热烈欢迎，达到了预期的目的，取得了圆满的成功。在返回的途中，我们还专程拜访了广州越柬老归侨联谊会会长黄群等人。

1997 年，麦红生在安徽省振兴京剧基金会举办的全省汇演活动上饰演《棒打无情郎》金玉奴

2006 年，麦红生在安徽省侨界新春晚会上演唱《贵妃醉酒》选段

2006 年 4 月，麦红生在澳门缅华互助会 35 周年会庆清唱《红娘》选段

还有一次出访让我终身难忘。2007 年，安徽省侨联受海外侨团邀请，组织了安徽省侨联侨声艺术团一行 20 余人赴菲律宾、马来西亚慰问演出，我得以有机会同国家一级水平的艺术家们同台演出，彩唱了京剧名段《红娘》。当时会场观众有 5000 多人。这次艺术团的演出不负众望，产生了轰动的效应，传播了中华优秀文化，宣传了安徽的风土人情，表达了安徽同胞对海外亲人的问候。

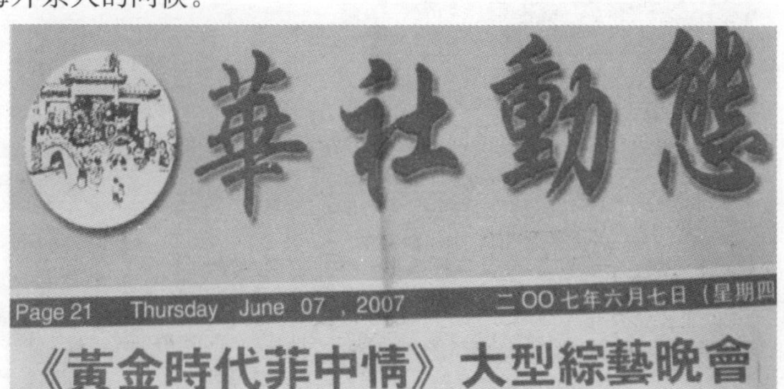

華社動態

Page 21 Thursday June 07 , 2007 二OO七年六月七日（星期四

《黃金時代菲中情》大型綜藝晚會

安徽省赴菲藝術家簡介 (8)

菲華各界聯合會訊：菲律濱外交部，中國駐菲大使館，菲華各界聯合會爲慶祝菲中建交三十二周年暨菲中友誼日，二OO七年六月九日晚上七時三十分將在菲律濱國際會議中心聯合主辦《黃金時代菲中情》大型綜藝晚會。安徽省僑聯“僑聲藝術團”應本會的邀請將赴菲演出，以下是“僑聲藝術團”的演員簡介：

麥紅生，女，廣東中山人，越南歸僑，安徽省僑聯調研員，著名京劇票友，安徽梅蘭芳研究會會員。擅長表演現代戲及傳統戲梅派，荀派，青衣，花旦等。

麥紅生女士從事僑務工作二十五年，曾先後隨中國僑聯藝術團赴泰國，香港，澳門等國家和地區演出。在參加全國，全省舉辦的京劇票友大賽中，多次榮獲獎項。她在參加安徽省電視臺，廣播電臺舉辦的京劇票友比賽中，先後榮獲過一，二，三等獎；在安徽省僑聯舉辦的藝術節比賽中，榮獲一等獎。她是廣大歸僑僑眷和京劇票友喜歡的著名歸僑歌手。

2007 年 6 月，菲律宾《华社动态》对麦红生参加的演出进行了报道

2007 年，麦红生（前排左四）随安徽省侨声艺术团出访马来西亚

这几次出访，都得到了当地的华人华侨和国际友人的好评，许多国际友人都伸出大拇指，赞不绝口，说：“安徽真是人杰地灵。”他们都争着与我们合影。

虽然我不是专业演员，但我用心、用情来唱，用我个人的文艺特长唱出了归侨对党的深情厚意，对观众、对归侨的无限热爱，所以，每次演出都能引起观众的共鸣，至今，我一旦演唱《红灯记》选段，依然能引起观众的强烈共鸣。这是革命的激情感染了观众。有时，在其他场合，我为侨胞献唱《我的祖国》“一条大河波浪宽……”，定会引起侨胞们的爱国恋乡之情。

2011年，麦红生在安徽省振兴京剧基金会举办的
全省京剧票友汇演中演唱《白蛇传》选段

四

如今，我虽已退休，但侨务部门一直没有忘记我，他们经常组织活动，邀请包括我在内的归侨侨眷参加，合肥市侨联和省侨联每年春节茶话会都邀请我参加。我个人经常与归侨好友聚会、叙叙旧，与广东那边的归侨也经常联系。同时，我坚持自己的业余爱好，经常到老年大学向专业老师学习唱腔和表演身段，时而参加安徽省振兴京剧基金会组织的全省、全国京剧票友的比赛和汇演。近年来，多次参加安徽省电视台、广播电台举办的京剧票友直播与比赛，先后荣获过一、二、三等奖，在安徽省侨联举办的全省艺术节上荣获过“一等奖”。

现在生活条件好了，家人住上了大房子，可以在家里举办小型剧社。我常常邀请票友、乐队来我家展示才艺，一些优秀的票友和名票们挺给我面子，常来我家欢聚一堂。每次相聚，都很开心，极大地丰富了我们的业余生活。有一次，广东的名

票来安徽打擂，我安排他们住到家里，邀请合肥的几位名票到家里“以戏会友”，让广东的朋友感受了安徽朋友的热情，也让他们对安徽票友的艺术水平刮目相看。

我有时与票友们请厨师到我家烧上几桌菜，大家欢聚一堂，相当开心。若有新票友来我家，我会毫不保留地把多年来学到、感悟到的知识与发声技巧讲给他们听，深得他们的信赖。

杨多良副省长特别关心侨眷生活，在每次开侨代会时，都会和大家亲切地握手，询问我有什么困难，我也总是响亮地回答：“请领导放心，托领导的福，我过得很好、很幸福，谢谢组织上的关心。”每年节假日，侨联领导都到我家看望、慰问，在我爱人生病住院期间，邱江辉主席、康晓萍书记、吴向明副主席和侨办黄英副主任都在百忙之中到医院看望慰问，这让我很感动。我兄弟姐妹都得到了组织上的关心和爱护，让我们享受到了侨务的好政策，我们才有了今天的好生活，我从内心之中对中国共产党充满了无尽的感激。

我有一儿一女，都在祖国幸福成长。儿子一家三口如今在瑞典定居，女儿一家三口在广东发展，也算过上了小康生活。儿女都发展得不错，对我和老伴很孝顺，我感到很自豪，也很欣慰。

我纵有千言万语也难表达感激的心情，我将用余生尽全力为侨务工作贡献力量。

一生奉献在农林

——麦伟强　口述

麦伟强夫妇

被采访者简介： 麦伟强，男，柬埔寨归侨。1936年出生于柬埔寨金边市，1957年归国。1960年考入北京林学院，1964年参加工作。高级工程师，曾任过安徽省滁州市第一届政协常委，获得过省级科学技术研究成果奖等。

采访时间： 2012年5月4日

采访地点： 安徽省滁州市被采访者住所

采访者： 崔　亮　刘军军

整理者： 崔　亮

一

我1936年出生于柬埔寨的金边市，曾在中文学校读过小学和初中，1954年先后在柬埔寨中文《番江日报》、《文朝日报》和《棉华日报》排字部当学徒并从事排字工作。1956年周恩来总理访问柬埔寨以后，初步了解了新中国的情况和进步思想以及在国际上的影响，加上我在3年的工作中没有保障，且受到

当地人的歧视和辱骂，因此我不愿意再忍受寄人篱下、没有保障的生活，于1957年4月26日和同样在柬埔寨报社做排字工作的几个朋友怀着对祖国的憧憬和热爱回到了祖国，投入到社会主义建设之中。

1956年欢迎周总理访问柬埔寨时与朋友合影（后排左四为麦伟强）

1957年2月麦伟强（前排右一）与朋友一起在柬埔寨马德望春游

1957 年 7 月麦伟强回国后在人民英雄纪念碑前留影

二

回到祖国后，原本从事排字工作的我们并没有从事印刷事业，因为侨务部门认为我们还年轻，正是学习知识的时候，于是，我抓住机会进行深造，努力成为建设国家的人才。我先被分配在北京华侨学校补习一个多月后，再被分配到河北省唐山二中读初三，1958 年初中毕业后保送到本校读高中。高中期间，正逢“大炼钢铁”，经常去唐山第二炼钢厂参加义务劳动。对我这样“手不能提，肩又不能挑”的归侨学生而言也是一种锻炼和考验。在那种热火朝天的劳动中，我的肩上和手掌都磨出了水泡，但在人人争先的劳动热潮中，我硬是挺了过来。在这段

时间里，我受到了精神上和身体上的磨炼。1960 年高中毕业后，我考入北京林学院林业系学习森林保护专业。在大学期间，又遇到 3 年自然灾害时期，每天只有蔬菜和清水来充饥，我因此神经衰弱，极度浮肿，大病了一场。

三

1964 年，我刚从北京林学院毕业，就被分配到安徽的阜阳地区搞“四清”工作，白天经常和贫下中农一起开会访问。由于自己在生活、劳动中虚心学习、认真办事，因此受到农村干部和群众的拥护和爱戴。1965 年秋天，我被分配到省林业厅工作，不久就发生了“文化大革命”。后来我到了广东，在那里认识了我的夫人——姜满琳，并在那里结婚。1970～1978 年间，我先后在省皖赣铁路部及省裕口林木场工作，做过物资管理员及统计员等工作。1978 年秋，在省林业厅及省侨联的关怀下，我主动要求调到沙河林业总场工作生活至今。

麦伟强与他人合影

我在工作中曾获得过林业高级工程师称号，曾任滁州市第一届政协常委（任过两届），曾被授予 1991 年和 1993 年省科学技术研究成果奖，被评为 1992 年优秀工会积极分子，获得 1984 年中国林学会深入林业基层工作特颁的“劲松奖”。

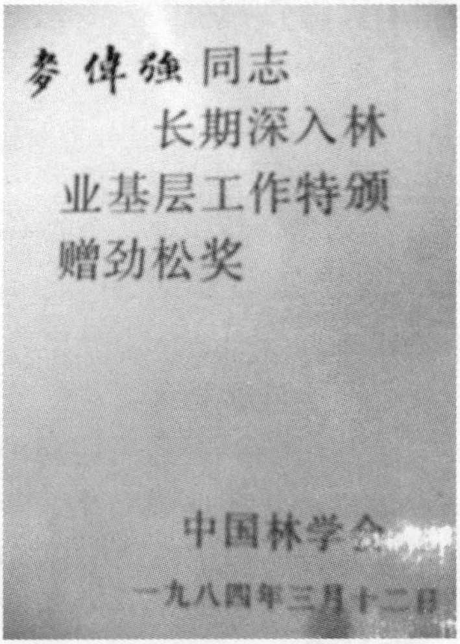

麦伟强同志
长期深入林业基层工作特颁
赠劲松奖

中国林学会
一九八四年三月十二日

1984 年麦伟强荣获中国林学会颁发的劲松奖

我的人生既平凡，又精彩

——倪承基 口述

被采访者简介：倪承基，男，越南归侨。1935年出生于广东省海口市（当时包括海口在内的整个海南还隶属于广东省）。1938年到越南海防市，1941年回国。1953年，考入华中工学院，毕业后在合肥矿业学院（合肥工业大学前身）机械系任教，后到清华大学进修，1996年退休。曾发表学术论文十余篇，获得安徽省科技进步二等奖一次、三等奖两次。

倪承基近照

采访时间：2012年4月20日

采访地点：安徽省合肥市被采访者住所

采访者：吴　青　朱　晖

整理者：吴　青

一

1935年，我出生于广东省海口市（当时包括海口在内的整个海南还隶属于广东省），现在是合肥工业大学一名普通的退休老教师。

在那个战火纷飞的年代，我的出生为整个家族带来了欢乐。虽然年幼的我还不知道战乱给中国带来的疾苦，但一颗爱国的种子已深埋于我的心底。1937 年 7 月 7 日，日本帝国主义制造骇人听闻的“卢沟桥事变”（又称“七七事变”），全面发动了对华侵略战争。当时只有两岁的我还不记事，是母亲后来讲给我听的。1938 年 7 月，日军攻占海南岛，为了躲避战乱，我的父母不得不带着我和哥哥、姐姐通过水路来到香港，并于同年 9 月辗转来到越南北部的海防市，定居下来。

为了维持生计，我的父母开始做一些小生意，主要是卖一些手工做的小工艺品，并经常来往于澳门和越南之间，一家四口人的生活也算勉强维持温饱。1941 年 5 月，父母决定带着我们几个孩子回到中国。同年 7 月，我们一家人经澳门坐船回到祖国，定居在广东省湛江市。1945 年 8 月，日本帝国主义宣布投降，在举国欢腾的日子里，我们也回到了老家海口市。离家 7 年多的时间内，故乡已是物是人非，被日本帝国主义践踏过的土地也已经不再繁华，我们一家人就是在这样的条件下开始了新的生活。

二

1950 年 9 月，我考入当时的海南华侨中学读高中，这也是我一生学术生涯的真正开始。1953 年 10 月，我以优异的成绩考入当时的华中工学院（由原武汉大学、湖南大学、南昌大学和广西大学等 4 所大学的机械系和电机系的电力部分以及华南工学院机械系的动力部分、电机系的电力部分合并组成），主修机械制造工艺及设备制造专业。4 年的大学生活让我学会了系统的专业知识和对待学术的严谨态度，4 年的经历也让我这个刚刚走出家乡的归侨深深地感觉到祖国要想强大，就需要我们这样的

知识分子为国家的建设作出贡献。

1957年7月，我大学毕业后被分配到了当时的合肥矿业学院（合肥工业大学前身）机械系任教，一边教授机械类的课程，一边从事科学研究工作。由于工作表现出色，1960年6月至1961年6月，我被学校派往清华大学进修，主要从事机械理论基础方面的研究工作。进修结束后，我回到当时已经由合肥矿业学院更名的合肥工业大学，继续留在机械系任教，同时兼任机械实验室主任。1966年，“文化大革命”爆发。1969年5月，学校组织教职工徒步行走240余里来到淮南矿区参加生产劳动。我们从合肥出发，平均每天徒步行走75公里，用了3天半的时间走到了淮南矿区。到了矿区后，我们没有休息就投入到紧张的生产劳动。在矿区劳动的4个月时间里，我和大多数矿区工人一样，每天早晨6点钟准时来到矿区，下井后徒步40分钟才能到达工作的地方，每天的工作就是搬石头、凿石壁、运矿石等，这些都是高强度的体力活，一直干到晚上6点才能上井吃饭，一天工作12小时，周而复始。虽然矿区的条件艰苦，工作也非常辛苦，但对于当时正值壮年的我来说也是一种锻炼，至今每每回想起那段日子，那4个月的矿区生活是我最宝贵的一笔人生财富。矿区锻炼结束后，我回到合肥工业大学，继续留在机械系任教，一直工作到1996年7月退休。

从1957年刚踏入社会的毛头小子到1996年我的圆满谢幕，我在教师的岗位上干了近40年，我把人生中最宝贵的时间奉献给了教师这个伟大的职业，认认真真教学生，兢兢业业搞科研，发表相关学术论文十余篇，获得安徽省科技进步二等奖一次、三等奖两次。这些成绩对于整个教育事业来说微不足道，我觉得我做得还不够，即使现在已经退休多年，我还是一直关心学校的教育事业，心中永远有着一名人民教师的情结。

三

无论在何时何地，我从来都没有忘记自己是一名归侨，同时，我深感作为一名中国人的骄傲。几十年来，我以一名老归侨的身份见证了我们伟大祖国这么多年来经历的风风雨雨，从一个满目疮痍、积贫积弱的旧中国到如今的国家富强、人民幸福安康，也深切感受到了祖国对我们这些归侨们的关心和帮助，这就让我们更加坚定了为祖国贡献力量的信念。作为一名老归侨，我觉得我是幸运的，在自己所钟爱的教育事业上有所建树，过着平凡的生活，做着平凡的事情。

1982年，安徽省成立了归国华侨联合会，从此我便与侨务工作结下了不解之缘。在工作中，我既是一名教师，又是学校的一名侨务工作者，经常组织、参与学校的侨联工作、组织归侨（这些归侨中包括教职工及家属、其他工作人员等）交流座谈、学习侨务文件、开展文体活动等，用这样一种方式表达了一名归侨对祖国的深深热爱之情。

退休后，我还经常关注侨务工作，与学校的侨联保持密切的联系，经常参加侨联举办的各种活动，也为我平淡的生活增添了乐趣。业余时间，我喜欢游山玩水，安徽的黄山、四川的九寨沟、云南的丽江、贵州的黄果树瀑布都留下了我的足迹。

作为一名归侨，我的一生是平淡的，但同时也是精彩的，我为教育事业而奉献，我为明日的祖国辉煌而奉献。

老有所乐，老有所为

——丘立华　口述

被采访者简介：丘立华，男，马来西亚归侨，祖籍广东。1932年出生于马来亚，5岁时回国。1959年至1992年，在合肥工学院工作。

采访时间：2012年5月8日

采访地点：安徽省合肥市被采访者住所

采访者：朱　晖　吴　青

整理者：朱　晖

一

1932年9月，我出生在马来亚，祖籍广东。解放前，广东山多地少，很多人的生活很困难，“穷则思变”，我们那一带去南洋谋生的人很多。我的父亲顺应潮流，也开始了闯南洋。20世纪30年代，世界经济大危机爆发，华侨在国外生活困难，很多人不得不回到国内，等以后经济情况好了再回来。我的父亲小时候家里穷，都是家乡人资助他读书，所以父亲后来事业有成了，逢年过节都会给家乡人寄钱，人人有份。

国内的中文教育肯定比国外好。我5岁那年，父母为了让我更好地学习中文，就把我送回国内读书了。小学、中学，我很顺利地读完。大学毕业时，正赶上抗美援朝，国家动员青年参军，我就怀着远大的理想和报效祖国的雄心壮志参军入伍了，我被分到青岛某部。转业之后，我就分到了文化教育界，先是到了安庆，在海军学校当教员，教文学。1959年，分配到合肥工学院，工学院和合肥工业大学合并后，我就调入了现在合肥工业大学工作，直到1992年退休。退休后，我被返聘回单位继续工作了10年，后来跟同事一起创办了自学辅导班，又工作了两三年。由于我的爱人需要照顾，我就没再继续工作。

丘立华20世纪40年代在广东大埔读高中时留影

丘立华20世纪50年代时的照片

二

回国时，由于年龄小，我对于怎么爱国没有清晰的概念。当时我父亲希望我念完书再出去，全家团聚，但是当我成为一名真正的军人后，我的世界观、人生观发生了变化，我不能，也不愿再出去了。虽然无论身在何方，都可以以各种形式表达爱国之情，但我还是决定留下来，以便更直接地为建设社会主义贡献力量。

丘立华（前右）在部队时与战友的合影

我从小离开父母，兄弟姐妹也很少见面，我非常想念家人，父亲也有信件寄回来，要我出国团聚。我一直在学校读书，参加工作后，教学工作也做得很好，经常受到表扬。我认认真真教学，师生关系都很好。

“文革”中，很多归侨遭到迫害，更多的归侨受到冲击，但是我们广大归侨对祖国都非常热爱。新中国成立初期，很多华侨青年为了回来读书、报效祖国，克服重重困难，别离父母双亲，毅然离开侨居地。

改革开放之后，国家拨乱反正，大力落实侨务政策。随着改革开放的逐步深入，国家对侨务愈来愈重视，对侨也更加重视。我对生活也愈来愈充满信心，报效祖国的决心也更加坚定。

看到国家不断地繁荣发展，我们感觉非常幸福，我们为祖国富强而高兴。国家的对外政策开放了，我们归侨就更有机会到国外去与家人相聚了。1966 年，父母来看过我一次，之后他们 4 次去香港妹妹家，我就去香港与家人相聚。马来西亚和中国建交后，允许归侨探亲了，但不允许定居。我每 3 年去马来西亚一次，共去过 4 次。我兄弟姐妹 8 个，最近我的二弟就会来国内看我。现在交通、通讯都很发达，我们来往也更加方便了，亲情的桥梁更加通畅了。

20 世纪 70 年代丘立华（后排右三）在香港与父母、弟妹合影

三

侨联组织本来是存在的，举办各种活动使归侨找到了家的感觉，大家在一起都很亲切，后来由于各种运动，侨联组织就暂停了。到了改革开放之后侨联组织、民主党派才恢复，现在侨联工作做得很好，广泛地联系归侨侨眷。每年，省侨联都来看望慰问我们。我女儿就在安徽省侨联工作，担任联络部部长，现在是巢湖市挂职副市长。

丘立华出席安徽省第三次侨代会照片

我如今在家没事干，就看看报纸、看看书、打打麻将、关注国内外时政要闻，做到身在家中坐，熟知天下事。我爱人两年前去世了，儿女都成家立业了，我也没什么太大的压力，照顾好自己才是最重要的，才能让儿女们安心工作。学校对退休职工也非常照顾。20 世纪 80 年代的时候，学校党委分了这套房子给我，平时也很关心我。现在侨联和学校有什么活动我都会积极参加，做到老有所乐，老有所为。

1966 年丘立华父母到合肥时与家人合影（后排左一为丘立华）

1986 年，丘立华（后排左三）参加中国致公党安徽省工委会筹委会成立大会（前排左五为致公党中央主席黄鼎臣，左三为安徽省第七届政协副主席、第一届致公党安徽省主委许学受）

1999 年，丘立华（前排左三）在马来西亚与父母及兄弟等亲人合影

20 世纪 60 年代丘立华（后一）全家在合肥逍遥津公园合影

我要永远为祖国和人民歌唱

——申保山　口述

被采访者简介：申保山，男，日本归侨，祖籍江苏苏州，中共党员、国家一级演员、著名男高音歌唱家。1941年6月出生于日本东京，1944年随父母回国，1965年毕业于中央音乐学院声乐系。历任安徽省歌舞团副团长、团长，安徽省侨联党组成员、第三届委员会副主席兼秘书长。为中国侨联第六届委员会常委，安徽省政协第六、七、八、九届委员，中国音乐家协会会员、客座教授，享受政府特殊津贴。1999年荣获“全国侨务工作先进个人”称号，2004年荣获“中国侨联工作先进个人”称号。

采访时间：2011年7月22日

采访地点：安徽省侨联接待室

采访者：胡修雷　乔印伟　陈茂先　谷　新

整理者：谷　新

祖国和人民养育了我，我要永远为祖国和人民歌唱，为增进各国人民之间的友谊而歌唱。

一

1941年6月19日，我出生在日本东京一个普通华侨家庭。幼年时，家庭很贫穷。

我祖籍江苏苏州。我父亲申鸿发，13岁时成了孤儿，在苏

州菜馆学艺，后成为厨师，1928 年到日本谋生，从事厨师职业。日本侵略中国以后，华人在日本很受歧视，华人普遍思乡心切。由于我父亲是孤儿，找不到充分的回国理由，父亲就编了一个理由说我叔父身体受伤，需要照顾，执意回来。而后父母携我们三兄弟，一家五口于 1944 年 8 月乘船经朝鲜釜山回到了祖国。回国后，在苏州租房定居下来，当时我才三岁。在那一段特定的时期，家庭生活十分困难。

我母亲程云珍是一位非常勤劳、善良、乐于助人的人。她曾是茶厂拣茶工、苏绣刺绣工，1959 年 7 月 9 日逝世于上海。我小时候常常帮助妈妈糊火柴盒。我家隔壁是棉花厂，妈妈还在工厂门口摆个小摊，我帮妈妈照看摊子，妈妈的为人处世也影响着我。

我父亲在苏州摆过一段时间馒头小摊，解放前夕到上海老松顺饭店（后改名为为民饭店）做厨师，1973 年 11 月 3 日光荣退休，1990 年 10 月 15 日在上海逝世，享年 86 岁。父亲一生没给我留下多少财产，却给我留下了最最宝贵的精神财富，组织上和他的友人都给了他较高的评价。父亲的精神，一直鼓舞着我、激励着我。

父亲对我影响很大，教会了我如何做人。譬如说，1979 年，我随“中日友好之船”代表团赴日本访问。安徽共有 20 个人参加这个团，我是这 20 个人中的一个。1979 年底，安徽省歌舞团准备到上海演出花鼓灯歌舞剧“摸花轿”，我是歌队的队长，为剧团到上海打前站。我是中央音乐学院声乐系毕业生，我夫人章琴华是芭蕾舞演员、安徽省歌舞团主要演员。当时，同济大学正在筹建音乐教研室，该校有关领导了解了我们的情况后，准备把我们两个都要过去。我父亲知道后对我说：“你们不要过来了，要是真想我，抽时间常回来看看我就可以了，安徽对你不薄。全国只有 600 人，安徽只有 20 人参加‘中日友好之船’，这些人中就有你一个。安徽对你那么好，要知恩报恩，不能忘恩负义。”我听从了父亲的教诲，一直坚持在安徽工作。我父亲后来成为上海市年事最高的著名的荣誉特级厨师，曾担任老松顺饭店公方经理、卢湾区厨师学校教师，他的学生中有许多人被评为特级、一级厨师，他是卢湾区和上海市的先进工作者。

我深深怀念着慈祥的父亲和母亲。在父亲的追悼会上，我代表兄长致答词说：“爸爸：您不愧是一位养育我们、关心我们、教育我们的好爸爸；您不愧是一位献身事业、热爱本职、桃李满天下的好师傅；您不愧是一位和蔼可亲、乐于助人、受人尊敬的好长辈；您不愧是一位勤勤恳恳、任劳任怨、爱店如家的好职工；您不愧是一位热爱祖国、忠厚老实、一心为公的好归侨。”挽联中的两段话，是对他平凡而光荣的一生的总结：“为人群增口福辛劳七十春勤勤恳恳名享中外不愧先进特级荣誉称号；培桃李贵身教传业二三代孜孜兀兀心在国家扶持后辈生平和蔼可亲。”

我大哥申金海在1947年19岁时失业了，不愿意当兵，就和几个年轻的朋友到台湾谋生去了，先在台北，后在高雄县兴达渔业股份有限公司任职。1989年6月阔别家乡42年之后的大哥从台湾回到上海探亲，我二哥从东京，我和夫人、女儿从合肥赶到上海一起与老父亲团聚。记得我捧着母亲的遗像，在上海国际饭店客房内拍下了值得纪念的团聚合影。我大哥一生特别反对台独，他希望早日实现两岸和平统一，1999年12月10日，我大哥在台湾高雄县逝世。

我二哥申根林于1951年因失业去香港，后去日本东京做贸易。二哥对父母很孝敬。母亲去世后，父亲一人在上海工作，还要供我上大学。为减轻父亲的负担，二哥时有汇款接济。1989年12月12日父亲85岁生日时，我赶到上海准备为父亲祝寿，当天突然接到国际饭店服务总台的电话，说有朋友从东京带来二哥给父亲的生日礼物。当我赶到国际饭店时，惊喜地发现二哥特地赶来上海为父亲祝寿。当我们一起为父亲过了生前

最后一次生日时，老父亲流下了幸福而激动的眼泪。2003 年 12 月 11 日，二哥突发心脏病逝世于东京。树高千丈，叶落归根。我们将大哥的部分骨灰和二哥的骨灰安葬在家乡苏州兴隆公墓父母的墓地内。

我夫人章琴华，江苏江阴人，1950 年农历 3 月 15 日出生。她父亲章钧达于 1955 年支援安徽，随工厂从上海内迁到合肥化工厂工作。第二年，她随母亲徐凤芝来到合肥。她母亲系安徽纺织厂女工。我爱人兄弟姐妹 5 人，她排行老二。由于她腰腿条件好，1960 年 3 月被安徽艺术学校优选入校学习舞蹈。该校芭蕾班由白俄罗斯专家妮娜老师执教，只招收了一届学生，这届学生都成为安徽舞蹈界的重要力量。该校芭蕾班开办时间比上海舞蹈学校还要早一年。由于我爱人的身体条件好，尤其是她的脚背好，跳芭蕾立脚尖时特别漂亮，加上聪明又刻苦，1965 年 9 月，她以优异成绩毕业，分配到安徽省文工团工作。她曾在芭蕾舞剧《白毛女》中饰喜儿、《红色娘子军》中饰吴清华等主要角色，并参与舞剧《草原儿女》、《沂蒙颂》、《小刀会》等近 10 部舞剧的演出，跳了近百个舞蹈节目。她深入基层，服务大众，曾赴日本访问演出，是省歌舞团的主要演员、国家二级演员、中国舞蹈家协会会员、中国舞蹈家协会社会艺术水平考级考官，2004 年 8 月退休。她对艺术执著、敬业，为人善良、体贴、孝顺、勤俭，对学生认真负责。她的学生中有的考入舞蹈学院学习或在歌舞团工作。她与同事关系融洽。我在歌舞团和省侨联任职期间，她承担了大量的家务劳动，默默支持我的工作，而且从不干涉我的工作，我从内心感谢她。

我们的独生女儿申云学艺术专业，毕业于安徽师范大学艺术系，是安徽中医学院团委干部，担任艺术教学与社团工作，钢琴弹得不错，舞也跳得很好。她乐观、坚强、孝顺、工作认真负责。从小到大，她都是我们的掌上明珠，我们关心爱护她。我女婿章敏，安徽宣城人，是一名舞台技师，在安徽省杂技团工作。他工作认真而勤快，对家庭和孩子有责任心。他俩感情很好，相互关心、相互体贴。有趣而巧合的是，他俩是2月14日情人节结的婚，而在他俩结婚5周年后的情人节，我外孙出生。我夫人姓章，女儿的先生也姓章，申章有缘，所以小外孙取名章申昊。我外孙现已上小学四年级，是一名聪明又漂亮的孩子，学习成绩不错，他的音乐听觉很好，已考级通过电子琴7级了。我一家人中有搞歌唱的，有搞舞蹈的，有搞器乐的，有搞舞美的，常被朋友们称作“文艺之家”。

申保山（右一）与家人的合影照

二

我在苏州星群小学念完小学，在苏州五中读了初中和高中。由于在故乡苏州受到了江南民歌和丝竹音乐的熏陶，本身嗓子也有天赋，1960年，我考取了中央音乐学院声乐系。从小学到大学，一直担任学生干部，品学兼优。小学期间，我是同学中

最先加入少先队的人员之一，我还担任过大队长、学生会主席。1956 年 11 月 2 日加入了共青团。学校的老师和棉花厂的工人们都比较喜欢我，当时我比较腼腆，长得也很秀气，常常男扮女装打腰鼓，现在回想起来，还觉得很有趣。我还与曾任安徽省侨联顾问、马来西亚归侨、苏州五中校友的张锋先生一起表演口琴二重奏，我俩口琴吹得很好。记得那时他担任学校团委书记，我担任学生会主席兼文娱部长。我还担任苏州市五中文工团的团长，曾组织过很多文艺演出，在当时的苏州教育界引起强烈反响。同时，我体育也很好，在 1958 年 5 月 25 日苏州市中学生体育运动会 500 克重的手榴弹项目中脱颖而出，我一下扔出了 54.53 米的成绩，获得第 1 名，我因此荣获“中华人民共和国少年级运动员”称号，有关证书我还珍藏着。当时苏州体育局还把我当成体育苗子培养了一段时间。

因为我父亲在上海工作，我很想报考上海音乐学院，以便照顾父亲，但当年上海音乐学院不向江苏省招生。在我父亲和老师同学们的鼓励下，我报考了在上海设考点的中央音乐学院，同时在苏州报考了南京艺术学院。经过一道道关口，竟被两所高校同时录取。在父亲的同意下，我选择了在北京的中国最高音乐学府——中央音乐学院。

在中央音乐学院学习期间，我是著名歌唱家、声乐教育家黎信昌、喻宜萱先生的学生，曾在保加利亚声乐专家切布尔卡教授班上学习，担任过班长、系学生会主席，1964 年荣获“中央音乐学院优秀青年学生”称号。有几件事，对我影响很大。一是 1963 年 12 月 31 日，学院的师生代表到中南海为毛主席及中央领导演出。在面积仅几百平方米的小厅内，相聚 5 小时。元旦零点左右，演出快结束时，周总理从阿尔巴尼亚打来电话，给全国人民和毛主席拜年，我们就向毛主席和中央领导们祝贺新年。与毛主席握手的那一刻，我感到特别激动和幸福。值得一提的是，我这一生为国家四任领导人演出过，并与他们有过合影。对此，我感到无比光荣和自豪。在这次联欢活动中，聆听了毛主席等党和国家领导人的讲话。毛主席提出，文艺工作者一定要深入生活、深入群众，要创作出贴近生活、贴近人民需求的作品，才能使艺术之树常青，要努力为人民服务。刘少奇主席希望我们学音乐的青年学生在今后的艺术道路上要越走越宽，并生动地用手势反时针方向划圈，比喻越走越宽，不能按顺时针越走越窄。这对我触动很大，对我的艺术道路影响深远。记得我在70年代初去西安学习陕甘宁5首民歌时，有幸去延安参观学习，受到了深刻教育。我一直努力遵循毛主席《在延安文艺座谈会上的讲话》的精神，在文艺创作中努力贯彻文艺为人民服务、为社会主义服务的“二为”方向和百花齐放、百家争鸣的“双百”方针。二是1964年国庆15周年时参与大型音乐舞蹈史诗《东方红》的演出，我参加了表演唱《会师井冈山》、《坐牢算什么》、《到敌人后方去》等曲目，扮演一个刚从国统区到延安的青年学生。《东方红》中有一段是歌舞《欢庆解放》，所表现的是南京刚解放，中国人民解放军进城时南京人民欢庆的场景。其中有一段既没有指挥，也没有音乐，主要由腰鼓队表演、锣鼓队伴奏，我就是锣鼓队的现场领钗指挥人，这让我深刻感受到组织对我的信任。《东方红》的演出，对我艺术道路的成长起到了重要影响。记得还有一次，印象特别深刻。那是1964年10月16日，《东方红》大歌舞全体演职人员3000多人在人民大会堂宴会厅集合，我们敬爱的周恩来总理来到我们面前，这让我们感到特别惊喜。周总理是《东方红》大歌舞的真正总导演。我们聆听了总理对大歌舞的设想及令人振奋的总结报告，他还多次对文艺工作者提出殷切希望。那天，周总理和蔼地对大家说：告诉你们3个喜讯，但有一条纪律是只能鼓掌欢呼，为了大会堂的安全，不能跺脚！第一，毛泽东、刘少奇等党和国家领导人要接见你们；第二，我国第一颗原子弹今天爆炸成功了；第三，苏联赫鲁晓夫今天下台了。话音刚落，

整个宴会厅热烈欢呼，全场沸腾。至今我仍珍藏着毛泽东主席等党和国家领导人接见我们时的巨幅照片。

图为 1964 年申保山参加表演唱《到敌人后方去》照片

1965 年 8 月在大学毕业典礼上，我代表中央音乐学院 60 届毕业生发言。在临近毕业的时候，我父亲写信给我，叫我不要因为顾及他的身体而刻意选择上海，祖国培养了我，要我一定服从祖国的分配，到祖国最需要的地方去。他的来信被张贴在学院的宣传栏里。毕业分配后，系秘书曾透露说，根据我的表现和家庭的实际情况，原本要分配到上海或江苏工作，但当年上海和江苏没有向中央要毕业生指标，所以，我本着“一颗红心、两手准备”的信念，服从国家分配，来到了培育我成长的第二故乡——安徽。

三

到农村锻炼，接受贫下中农再教育，对我的人生道路以及人生观、艺术观来说都产生了深远影响，也给了我很大的鞭策。

1965 年 8 月，我来到安徽，可以说是“人生地不熟”。我在凤台县古城孜待了一年多，搞了二期社教，与当地群众吃住在一起，与他们结下了深厚的感情。后来阜阳地区组织了一支由全国艺术院校毕业生组成的宣传队，其中有上海戏剧学院的周天柱、奚玉华、茅升良、朱定远，哈尔滨艺术学院的尤元舒，中央戏剧学院的隋书杰、仇强，中央广播学院的顾红莲等十多人，我担任副队长。我们拉着板车，常常下到一线，到农村、工厂、矿区去演出，也算是去体验生活。

1967年11月，我被正式分配到安徽省文工团（后改名为安徽省歌舞团）工作。省文工团经常到农村、工矿、部队、学校去演出。20世纪70年代初，我们到淮南市大通煤矿锻炼。为了体验当年日本鬼子占领时的苦难日子，我们参观了“万人坑”，每天都吃当时矿工们吃的野菜与麸子面混合成的窝窝头，喝没油没盐的青菜汤，还要坚持演出。很多人都承受不了，记得我有一次发高烧，吃了药仍不退烧，只能再用酒精物理降温，然后又坚持上台独唱，真是硬扛过来了。我们还到淮南电厂、马鞍山钢铁厂，到淮北农村、皖南山区、大别山革命老区等地去深入生活和演出。在这样的经历中，农民、工人和革命先烈们对我的教育很大，留下了许多难忘的回忆。我曾下到330米深的大通煤矿井下去劳动。升井后，简直不敢相信，因为我除了眼睛四周有一点原肤色外，整个人就像一个煤炭泥人，这让我亲身体会到矿工们的艰苦，他们把黑暗留给了自己，把光明带给了人间。为此，我怀着崇敬的心情，特意谱写了一首《我是煤矿送水员》的歌曲献给矿工，下到矿井为他们歌唱，那个场景让我终身难忘。让我深感自豪的是，我不仅深入到井下演唱，还背着手风琴爬山到安徽海拔最高点的黄山光明顶气象站慰问演出。《报童之歌》由竹笛词、醒声曲组成，这是一首由词作家、作曲家、歌唱家三者结合共同创作的优秀作品。我从泾县“皖南事变”发生地开始演唱，再参加全省汇演，一直唱到当年的重庆《新华日报》社所在地。在纪念周总理逝世一周年晚会

上，我深情地演唱，把人们对周总理的怀念之情与歌声融合在一起。现场气氛十分感人，一首歌未完，观众报以数次掌声。此歌我唱了100多场，并录制了唱片，汇演时还获得最高奖项。

我在省歌舞团工作30年，在省侨联工作8年，2004年7月退休。至今，我共独唱了近2000场次。无论在工厂、农村、部队、学校，还是在省里接待中央领导、外国元首的专场演出中，无论是在国内，还是在国外，我都纵情演出。我走到哪里，唱到哪里，把友谊的种子撒到哪里，把祖国和人民对广大华侨华人、港澳台同胞和国际友人的问候带到哪里。

2007年10月，“安徽省纪念新四军创建70周年专场文艺演出”，申保山独唱《报童之歌》剧照

1985年9月，由时任团省委副书记、省青联主席的徐立全为团长，我任副团长，王玲为秘书长的安徽省青年代表团赴云南老山前线慰问保卫南疆的将士们。在前线，我努力协助团长工作，为战士们激情歌唱。由于出色的工作，我受到团省委、省青联的肯定和表扬，我被授予“安徽省优秀青联委员”称号。

1999年7月，由省政协张润霞副主席为团长，我任副团长的安徽省海外交流代表团访问西班牙、意大利。为了更好地联络联谊、宣传安徽、为海外华侨华人服务，代表团由歌唱家、画家、书法家等组成。我们在马德里时巧遇一对华人新婚，有100多名侨胞参加他们的婚礼，我抓住这个加强联谊的极好机会，首先发表热情的讲话，向他们赠送了象征友谊的黄山迎客松，接着我放开喉咙，唱起“达坂城的姑娘”，祝福新人。歌毕，全场欢声雷动，要求再唱。我一连唱了3首歌，楼上楼下，全都被歌声吸引，200多名华侨华人沉浸在幸福之中。广院写的侨务散记《马德里的华侨婚礼》（刊于《中国侨联通讯》2000年第9期）对此有较为详细的描写。

1999年10月，申保山（左二）随中国侨联常委代表团在泰国参加第十届国际潮团联谊年会

2001年6月，我率领由我省归侨侨眷侨属中国家一、二级著名演员组成的安徽省侨联艺术家小组7人，随中国侨联常委代表团访问泰国和香港。访问演出很成功，受到中国侨联领导的表扬，中国侨联常委访问团的汇报简况中有这样几句话：“安徽省侨联组织的艺术家小组随我团访问，不辞劳苦为侨胞表演、服务，表现很好，受到海外侨胞的热烈欢迎，为此行增色不少。

这也是一种很好的联谊形式，今后侨联活动可以考虑组织类似的艺术家小组参加，慰问海内外侨胞。”时任分管侨务和文艺的蒋作君副省长批示：“祝贺省侨联艺术家小组出访成功。文化艺术交流是向海外开展联谊活动、经贸活动及宣传活动的有效载体和形式，应予鼓励和提倡。”

我是泰中艺术家联合会高级顾问，会长蔡义批先生与我相识 20 多年，他是安徽省侨联海外顾问，致力于泰中文化交流。经我牵线搭桥，继 2003 年由致公党合肥市副主委、著名武术家、合肥神行太保文武学校盛吉琛校长率领的武术团成功访问俄罗斯后，2005 年应泰王国艺术厅和泰中艺术家联合会的邀请，盛吉琛校长率团访问泰国，我为该团的艺术顾问。在庆祝中泰建交 30 周年文艺演出中，优秀的中华武术轰动了曼谷，泰方也为我颁发了“最佳演唱奖”奖杯。

申保山获奖证书

受省侨联康晓萍副主席的委托，我协助省侨联策划组建安徽省侨联“侨声艺术团”。2007 年，受菲律宾外交部、中国驻菲大使馆、菲华各界联合会联合邀请，由时任省侨联副巡视员王万祥为团长、我任副团长兼艺术总监的侨声艺术团前往菲律宾出席庆祝菲中建交 32 周年“黄金时代菲中情”晚会。晚会获得巨大成功，随后受马来西亚《星洲日报》萧依钊总编辑的邀请，参加由《星洲日报》、安徽省侨联联合主办的“大马·安徽千里一线牵·回馈爱心助养人晚会”巡回演出，演出获得成功。2010 年受英国诺丁汉大学孔子学院和爱尔兰都柏林大学孔子学院的邀请，由吴向明副主席为团长、我为副团长兼艺术总监的安徽省侨联侨声艺术团访问英国和爱尔兰，演出获得圆满成功。元宵节那天，应邀到中国驻爱尔兰大使馆联欢，大使及其夫人率全体使馆人员盛装列队欢迎的场景令人动容。在异国他乡与外交战线前沿的外交使节们度过了难忘的元宵佳节。

大量的艺术实践，丰富的演唱经验，使我的演唱富有激情、充满活力，具有时代气质和生活气息，较好地做到了“声情并茂”，受到了广大观众和海外华侨华人、港澳台同胞以及归侨侨眷的热烈欢迎与好评。曾有报刊撰文称赞我：“他的歌声拨动了观众的心弦!”我还参与策划、组织、监制、导演了《祖国礼赞》、《孔雀东南飞》、《山水音画》、《八百里皖江畅想曲》、《黄河·长江·中华魂》、《回归颂》等大型歌舞（剧）、音乐会十多台。我也积极参与到社会的艺术活动中去，曾担任安徽省音协声乐专业委员会副会长、安徽省青少年儿童音乐学会会长等，还在大学艺术系兼任声乐客座教授，还曾担任安徽省艺术系列高级专业职称评审委员会评委。我培养的一些声乐学生考进音乐学院或艺术院校学习，有的已被评为国家一级演员，并担任相关艺术团体领导，有的在学校任教或是单位的文艺骨干。有关我的个人辞条已入编《华夏英杰》、《21 世纪中国人物大典》、《中国专家人名辞典》、《政协委员风采录》、《中国当代创业英

才》、《中国音乐家辞典》、《中华魂，中国百业领导英才大典》等20余部辞典中。

2005年8月17日，时年96岁高龄的我国老一辈著名歌唱家、声乐教育家、中央音乐学院原副院长喻宜萱先生为我题写了"歌声嘹亮插翅飞，激情满怀扣心扉，千歌万曲颂华夏，岁月如流志不摧。"

1986年，省里鼓励我们探索文艺改革的模式。团部委派我（我当时任安徽省歌舞团副团长）与美菱冰箱厂领导商议合作。经过多轮谈判，成立了"安徽美菱艺术团"，这是安徽省第一个文企联谊的艺术团。我们组织了词作家、作曲家、歌唱家等艺术家深入工厂第一线，体验生活，创作了十多首歌曲，录制成专辑盒带《美菱人之歌》，为安徽品牌建设做了生动的宣传，得到了时任安徽省省长傅锡寿的赞誉，他亲自为专辑题签。后来又相继成立了"安徽商之都民族乐团"。为此，我撰写了《文企联姻是文艺改革中的新举措》一文，收入省文化厅编辑的论文集中。

1979年5月，我随"中日友好之船"出访日本时，专心写了一首歌——《为了友谊我来到这里》，请安大外语系教授翻译成日语，印制成非常精美的彩色歌页。在演出中，我用日汉双语演唱这首歌。我还专门悉心研究，用日语演唱了日本北海道民谣《拉网小调》。我的演唱风格纯真、韵味足，用嘹亮的歌喉生动地刻画了日本渔民出海捕鱼时的愉快心情。在北海道室兰市演出后，市长岩田弘先生拉着我的手，风趣地说："你唱得很好！你唱的《拉网小调》比我们北海道人唱的还要有味道。"记得当时在日本大阪体育馆演唱时，出现我一人唱、几千名中日观众有节奏地鼓掌和伴唱的场面。对此，时任全国人大副委员长、"中日友好之船"团长的廖承志给予了多次表扬。后来，我将《拉网小调》收录到我的演唱专辑里。这首歌，30多年来久唱不衰。在访问东京时，团部批准我两次上岸。一次由小时候干爹的弟弟，我尊称为干叔叔的戴长林先生陪同，去看看我出生的地方，拜访还健在的我父亲的老朋友。还有一次由二哥带到他家做客。干叔叔、二哥和许多华侨华人出席了在东京举行的盛大宴会，他们与尊敬的廖承志副委员长合了影。在结束访日回国途中，在明华轮上，从代表团中选出 10 名代表接受中央电视台、日本 NHK 电视台、《人民日报》、《光明日报》等媒体采访，我以“音乐是国际语言，歌声是友谊桥梁”为题畅谈了我为中日两国人民友谊做出的努力。

1994 年，我率团出访俄罗斯，我演唱了《在那遥远的地方》及安徽民歌《牛歌》、《如今唱歌用箩装》等多首中国优秀歌曲，并用俄文演唱了《三套车》，受到当地华人华侨和国际友人的欢迎，我们还去中国驻俄罗斯大使馆慰问演出。

1982、1983 年，中国唱片社为我录制出版、发行了我省最早的个人演唱专辑唱片、盒带《燕子》、《报童之歌》等，收录的大都是省内外词作家、作曲家和自己的原创歌曲，《燕子》专辑唱片还被中央音乐学院等院校图书馆收藏。我演唱的歌曲先后被全国 100 多家电台选用。

1985 年，正值伟大的抗日战争和世界反法西斯战争胜利 40 周年，安徽文艺出版社出版发行了一本由我编辑、贺绿汀亲笔题序、赖少其题写书名的《抗日战争优秀歌曲集》。这在当时还是少见的。作为优秀刊物，还曾展销到香港，影响很大。

我共创作了 260 多首歌曲和舞蹈音乐，演唱的主要歌曲有《北京的光芒》、《毛主席，您是我们心中的红太阳》、《灯光》、《抗天歌》、《为了友谊我来到这里》、《我是煤矿送水员》、《合肥，我心上的晨星》、《香港回归之歌》、《山歌——紫荆花开满香江》、《飞啊，回归燕》、《青春在飞扬——安徽中医学院校歌》和舞蹈音乐《缝帆》。值得一提的是，1993 年 8 月 13 日，在我的入党志愿书中，我工整地手抄了由魏宝贵、邬大为作词、我自己作曲的歌曲《党啊，我爱你爱在心头》，附在志愿

书后面，表达了对党、对祖国、对人民的忠诚和热爱。1996年在安徽省歌舞团成立40周年的时候，我对以往的工作做了总结，认为我与同事共做了10件大事，改善了歌舞团的环境和条件，使歌舞团上下凝心聚力，为歌舞团的进一步发展打下了基础。

如果说歌舞团是我成长的摇篮，那么青联、政协、侨联就是我成长的学校。1996年年底到省侨联工作后，我主动把歌舞团的房子退还给歌舞团，受到歌舞团的高度评价。歌舞团为我送行的那天，我表态要继续发扬艰苦奋斗的作风，不辜负歌舞团的培养和中国侨联与省委省政府领导以及广大归侨侨眷对我的信任。在省侨联工作期间，我虚心地向侨联各位领导学习，学习广大归侨侨眷爱国爱岗、团结敬业的品质，在学习中提高自己，努力为侨服务，维护侨益，积极参政议政，一心扑在侨联事业上。我主持收集、整理侨联历史资料，编辑出版了《安徽省侨联25周年画册》。在省侨联任职8年中，我坚持记录下每天的大事记。1997年，由省侨联作为主办单位之一，由省歌舞团承办，主要由我组织、策划、创作的庆祝香港回归大型音乐会《回归颂》获得巨大成功，并多次在中央电视台播放。1999年，我担任省直统战系统迎澳门回归庆祝晚会的总导演，我会全体同志参加了“中外民歌联唱”。我争取到中国侨联的支持，实施了侨爱心工程，还积极与台湾爱心第二春文教基金会联系，陪同他们深入实地考察，用真诚赢得了他们的信任。侨爱心工程以及与台湾爱基会的长期合作，现已发展为省侨联的工作品牌。同时，我发挥个人一技之长，为弘扬中华优秀文化，推进中外文化艺术交流，为增进祖国与海外侨胞之间的乡情、友情、亲情，促进我国与各国人民之间的友谊，为祖国统一事业，为提高省侨联的知名度和影响力做了一些有益工作。我于1999年荣获“全国侨务工作先进工作者”称号，2004年荣获“中国侨联工作先进个人”称号。

1997 年 6 月 20 日，申保山在庆祝香港回归的《回归颂》大型音乐会上倾情演唱自己创作的歌曲《山歌——紫荆花开满香江》

四

“退休不退志，退职不退责。”这是我在 2004 年 7 月退休时的表态，我将一如既往地关心支持侨联事业的发展，继续发挥余热，为侨服务，积极参加侨联系统的各项活动，为文化大繁荣、大发展而出力，努力弘扬祖国优秀文化艺术，为侨联事业科学发展、持续发展献计出力。

我深深地知道，如果没有党和政府的教育与培养，没有人民的哺育，没有父母的养育之恩，没有家庭的支持，没有老师的辛勤栽培，没有各级领导和同志们的关心、支持和帮助，就不可能有我的今天！每当我取得成绩和进步时，他们给予我鼓励和鞭策，每当我遇到困难和挫折时，他们都给予我信心和力量！

我深刻地体会到，一个文艺工作者、一个侨联工作者，一定要与时代同呼吸、与人民共命运，才能发挥其聪明才智，才能更好地服务人民，才能更好地报效祖国！

最后我想用《祖国，慈祥的母亲》中的歌词来结束采访："谁不爱自己的母亲，用那滚烫的赤子心灵。谁不爱自己的母亲，用那闪光的美妙青春。亲爱的祖国，慈祥的母亲，长江黄河欢腾着深情，是我们对您的深情；蓝天大海储满着忠诚，是我们对您的忠诚！"

"祖国和人民养育了我！"这是我发自肺腑之言！

2001 年 12 月申保山（右）与中国侨联副主席唐闻生（中）、安徽省侨联原副主席杨振斌（左）合影

2003 年，申保山率团参加全球越柬老华侨华人恳亲大会和世界越棉寮华人团体联合会第十届会员大会（左二为现任安徽省侨联党组书记、常务副主席康晓萍，左一为安徽省侨联现任副主席吴向明）

衷心感谢党给我晚年的幸福生活

——苏玉新　口述

被采访者简介：苏玉新，男，马来西亚归侨。1924 年出生于福建永春县，5 岁时随母亲到马来亚马六甲。回国后被华东军大福建分校录取，1950 年毕业留校，在文工队工作，在校期间荣立一等功一次、三等功两次。1957 年转入明光干校，任锯木厂厂长，1958 年，转到铜陵工作，1980 年退休。历任 3 届铜陵市政协委员、两届省侨联委员。

采访时间：2012 年 6 月 19 日

采访地点：安徽省铜陵市被采访者住所

采访者：朱　晖　崔　亮

整理者：董　岱

一

我们归国华侨之间就好像亲兄妹一样，无所不谈，我们归侨之间的情谊亲密无间，真让人难忘。

我于 1924 年出生于福建永春县，5 岁时随母亲到马来亚的马六甲。我在马来亚走上进步道路，两个人对我的影响很大，一个是陈发，那时候我在印刷厂当学徒，他在印刷厂当工人。另一个是钟伟民，是我小学校长的儿子，正是这两个人使我走上进步道路。他们俩介绍我参加马六甲的业余互助社，我们演戏、唱歌，到处搞宣传、到处募捐，支援中国抗日。华侨对孙中山非常景仰，我们每次开会必念孙中山的遗嘱。我们华侨真正热爱自己的祖国，但是对国情不了解。有一些青年回国参加抗日，结果落到国民党地区，最后还是返回马来亚。参加业余互助社后，我主要负责宣传、组织活动。我至今记得我当时演一个老头子，热情很高。日军侵占马来亚以后，我就联系不到陈发和钟伟民这两个人了。我离开家，走了两个星期都找不到他们，只能四处漂泊。我做过学徒、当过工人，从事过很多工作。日本投降后，在一次群众大会上，我碰见陈发，他一见到我就问我现在过得怎么样，我说还没有找到工作，他立刻让我去他那里工作。在他那里，我什么工作都做，我还帮助他组织人民委员会歌咏队，搞些文艺活动，组织他们到处去演唱。

此外，我还接触到两个对我很重要的人。一个是中国总工会的秘书，姓黄，回国后曾任厦门统战部的负责人。另一个是我的姐夫，他的死，让我感到非常伤心。姐夫很早就参加进步活动。日本投降后，他又投入反抗英国的殖民斗争中。他不幸被捕，被英国人残忍杀害，头颅被挂在城头，姐姐都不敢去收尸。就这样，我姐姐 30 多岁就开始守寡，带着两个男孩、一个女孩，而我已被遣送回国，没能给她应有的帮助，这是我最伤心的事。陈发曾让我每个月送些粮食给姐姐和她的孩子吃。当时姐姐也可以回来，但是她考虑到自己是一个女的，又带着孩子，不敢回国。

英军重新占领马来亚后，采取了比较狡猾的手段，对抗日进步力量采取默认态度。等站稳脚跟后，宣布这些进步力量是非法的，要求这些组织立即解散。没过几个月，英国人把我们这些参与进步组织活动的人逮捕起来，判了我两年的徒刑。没想到，不到半年就把我遣送回国。回国前，我只见过母亲一面。我什么都没有带，只带了母亲给的一枚戒指，离开马来亚，回到中国永春。

二

在国内，我只有一个亲人，那就是我的舅舅。一上岸，我就去找舅舅，在我舅舅那里干了几个月。后来很幸运的是华东军大招生，我前去报名，结果被华东军大福建分校录取。1950年到1953年在校期间，我荣立过一次一等功，两次三等功。

1951年第十四步兵学校政治文工队合影（摄于福州，倒数第二排左起第三为苏玉新）

1952年，福建和浙江步校合并，1953年我被调往南京第四步校帮助搞营房建设。年轻的时候，人们之间的感情无私无利。我现在最怀念的是年轻的时候留在学校参加文工队。

1957年，我从南京第四步校转到安徽明光干校，1958年又转到铜陵工程队，工程队让我负责锯木厂。之后工程队转制为一建公司。公司领导让我独立负责安装队。

1962年，我被调到安装队一个车间任负责人，管理100多名上海知青，后又调我到汽车队任队长。

2004 年 10 月在南京与部队老战友聚会（前排左起第二为苏玉新）

图为 1955 年苏玉新在南京第四步校参加文工队时照片

三

如要谈成就，就要数我负责的革新项目。1964 年，响应毛主席的号召，领导让我负责带领革新队搞革新工作。我自己动脑筋组织工人工作，做了不少难做的项目。1979 年，我曾做过总结，在这十几年间，我共完成了 20 多个项目。

其中，搞得最成功的就是“文革”时有关制砖的研制。一建公司因业务发展，需要大量的砖头。公司经理让我到江苏丹阳去参观学习，准备引进或研制制砖机。在丹阳，我了解到，购买一套制砖机需要 30 多万元。参观回来后，党委组织工程师和技术员开会讨论制砖机研制问题。开完会大家就散了，会议室只剩下我一个人在静静思考。在丹阳只是走马观花，要研制制砖机，还需就靠自己动脑筋。我花了 3 个多月的时间，将制砖机研制出来。我用了 1 万元人民币解决了 30 多万元的问题。这台机器我们用了一年多，一天能生产 3 万多块砖头。后来公司将这台制砖机卖给施工科一个科长的亲戚，运到南通。一年后，我遇见他，就问他，现在生产得怎么样？他说一天可生产 11 万多块砖，生产效率是我们的好几倍。为什么呢？他是自己开工厂，我们公司是国企，劳动强度不大，所以产量比他们的低。那个时候正是“文革”期间，制砖机、制钉机等各种设备都由我设计。从早上一睁眼到晚上躺在床上都在想着革新的事，吃不好、睡不好。在研制设备的过程中，由于我喜欢琢磨，所以省了许多不必要的程序，也就省了很多加工材料。我曾利用汽车齿轮做配套设备，我们没有车床加工，就把相关零件送到有色加工厂加工，其他的都得靠自己搞。我所搞过的东西我从未要过报酬、争过功劳，别人工作上遇到问题，我都会去帮忙，和我一起工作的人，每年都会评为先进工作者。我把最好的机器都送给工人用，也不向上汇报，从不抢功。在我的领导下，锯木厂由手工化走向了机械化的发展道路。

我在工作上不去计较那么多，受些委屈，自己想想也就通了。“文革”时有人要把我打成“反革命”，就有人为我讲话，说：“你们去木材加工厂看看，原来全是手工操作，现在全是自动化，连加工厂的灰尘碎木屑都被吸跑了。”正由于他们的保护，我终能化险为夷。

作为一个 89 岁的老人，我感觉到奉献就是幸福。

持証人像

復員建設軍人公約

一、擁護人民政府，遵守憲法和政府法令。
二、努力生產，爭取做勞動模範。
三、積極參加合作社或互助組，在社会主义建設事業中起先進作用。
四、提高警惕，嚴格保守國家軍事机密。
五、關心國防建設，成为实行义务兵役制的骨幹，隨時响应祖國徵召。
六、不居功、不驕傲，保持革命軍人的榮譽，爭取更大光榮。

苏玉新的复员证

四

我于 1980 年办理了退休手续。1988 年，组织上按照有关规定，给我办了离休手续。

退休之后，我偶尔会和以前的南京文工队队员们搞搞聚会，搞得非常好，南京某党校校长，还有一位姓郑的后勤部宣传部长都曾来参加过。

我曾连续当过 3 届铜陵市政协委员、两届省侨联委员。离休后，我还帮助市教委在六中办了一个木器加工厂，市教委让

我当厂长，我做得很不错。

从马来亚回来，我感到非常幸运而且幸福，为什么呢？我有4个孩子，两个儿子、两个女儿，都建立了自己的家庭，且有自己的子女（都是独生子女），我现在有孙子、孙女，也有外孙子和外孙女。两个男孩子已经出来工作，两个女孩还在上大学。我的晚年生活是很幸福的，我享受着天伦之乐。

我对侨联所做的工作是非常感激的，我身体不好的时候，市侨联主席都会到我家来看望和慰问我。现在国家也强盛了，若华侨在国外有难，都可以接回来，这是很了不起的。党很伟大，我衷心感谢党给我的晚年带来了幸福生活。

我认为侨联这个组织可以做的事情非常多，可以多思考用什么好的方式与海外的华侨保持紧密的联系。只有经常联系才能谈及发展关系。有些海外华人知道国家强盛了，腰杆挺得更直了，但是还有的对国情不太了解，希望国家在宣传上多做些工作。

1990 年在铜陵照像馆拍的全家福（前排右起第三为苏玉新）

平凡·苦难·执著

——童清荣 口述

被采访者简介：童清荣，女，新加坡、印尼侨眷，祖籍广东。1942年出生。池州家用机床厂工人。

采访时间：2012年4月23日

采访地点：安徽省池州市被采访者住所

采访者：董 岱 韩丽丽

整理者：韩丽丽

一

很多年以前，广东、福建等沿海省份有很多人都去新加坡和印尼谋生，我的母亲也是其中一人。她当时去的是新加坡，在那里，她组建了自己的第一个家庭，并生了一个儿子。她与前夫本来相处还算和睦，可是后来一次回国的时候，偶然听别人说起，夫妻两人同姓的话，是件很不吉利的事情，而巧合的是，母亲的第一任丈夫正好和她同姓，都姓李。受这种封建迷信的影响，我妈妈就留在了中国，没有再回去，就这样和她的第一任丈夫分开了。过了一段时间，母亲认识了我爸爸，又再婚了，生了两个孩子，我哥哥和我，所以实际上我没有去过国外，一直是在广东出生和长大的。我的哥哥现在还居住在福建。

我父亲有个姐姐，在新加坡成的家，目前她的子女都在国外。自从父亲去世后，我们和姑姑一家也很少联系，感情也比较淡。不过，他们回国探亲的时候，我还是会回老家看看他们、

叙叙亲情。

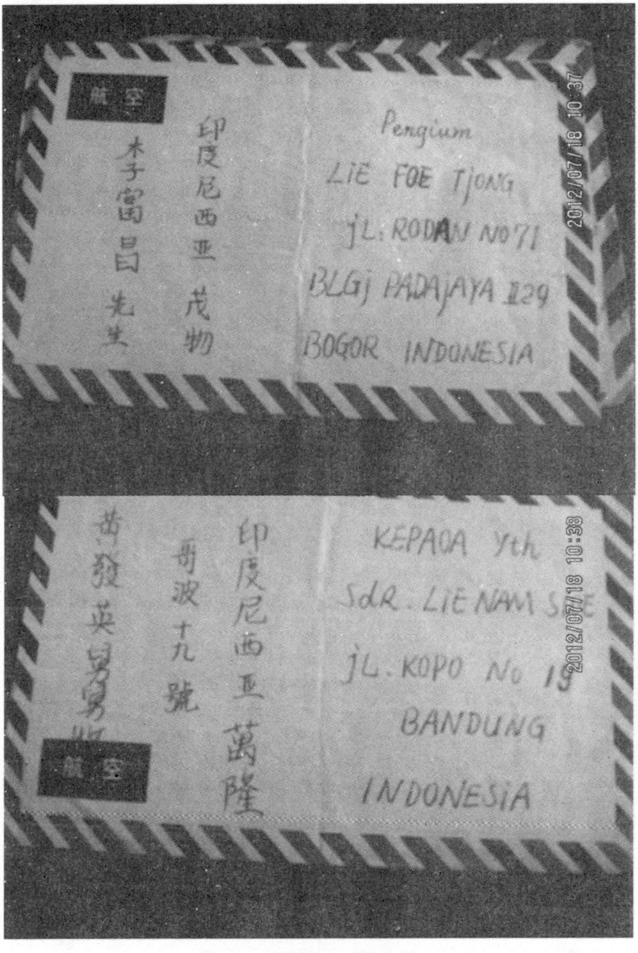

童清荣与印尼亲人的信件

二

我小学的时候，成绩还是很好的，后来很顺利地考上重点中学。在考上重点中学之前，我从没离开过家。到了重点中学后，只能一星期回家一次。那个时候正是1958年自然灾害的时候，人们生活都很艰苦，很多人都把带的米蒸成饭，3个点点大的菜团子就当作一餐。回家的时候，妈妈也只能把糠重新磨磨，做成糠饼吃，要不就是把香蕉根切成片，磨成粉吃。家里的稻和米平时都被封起来，逢年过节才做点米粉吃。我记得当时还有人查，所以家里每次只能偷偷地煮一点儿来解解馋。在这之后，自然灾害的情况越来越严重，几乎天天没饭吃。我一个女孩子，在学校里过不下去，也不想在学校待下去，最后就回到家里了。

三

我丈夫的祖籍也是广东，他们一家早年都在印尼。公公婆婆一生育有12个儿子，但是只有8个存活下来。我丈夫12岁的时候，随他的父母从印尼回到了中国。当时因为年幼，丈夫对于国外的生活已经是记忆模糊了，也很少提及。现在在他广东老家里，只有嫂嫂还健在。

丈夫十几岁的时候就去参军了。从部队退伍后，分到了南京，没过多久又调到安庆，最后才调到池州。他当时一直想在自己老家找媳妇，经人介绍，和我的一个好朋友相亲见面。我陪这个朋友一起去见他。很凑巧，他看中了我，最后也就没联系我的朋友。见面后，他通过介绍人打听、了解我的情况。我们之前没见过面，我也不知道他是我朋友的相亲对象。这可能就是一种缘分吧。我之前对他不是很了解。那时他在安庆市，我在遥远的广东，我们只能通过信件进行交流，寄几张照片算是见面。我很清楚地记得，他有一张在部队照的照片，穿着军装，还是很英俊潇洒的。结婚之前，他调到了池州。后来他回广东结婚时，我才看到他满头的白发，原来他是少白头，我不

愿意与他结婚了。我妈妈一个劲儿地劝我，说为了筹办婚礼，男方家花费了很多钱。如果这个时候我反悔，会让他们家人财两空的。没办法，我只能答应和他结婚，并一起来到了池州，一直到现在。说到最后，还是个缘分。

童清荣全家福

四

我到池州的时候，才20岁，我被分配到池州家用机床厂工作，与丈夫是一个单位。在厂里，我主要从事电器安装和机床维修等电工类工作。一开始的时候是跟着师傅学。我的那个师傅大字不识一个，在传授技术问题的时候讲解得不很详细，只跟我说些这个线连上那个线之类的技术话，我当时听不明白，也记不住，更是摸不准，后来还是靠自己不断地摸索、反复地练习，实践和理论联系在一起，最后才熟练运用了。正是凭着自己的这种努力，我的工作慢慢得到了厂里的认可，获得了先进职工的荣誉。

童清荣的工作证

五

我的婚后生活是很辛苦的。家里大事小事，丈夫都是甩手掌柜，既不管事，还经常借钱喝酒，劝了多少次都没有用。我和丈夫生了 3 个小孩，两男一女。后来丈夫不幸去世，我又把我妈妈接到池州。这样一家五口人，实际上就靠我在家用机床厂当电工的一点微薄的工资来养活，一直就这样辛苦过来了。

我丈夫去世后，上高中的大儿子就参军了。这里要特别感谢侨联、侨办等组织，特别是侨办主任刘新生，对我家的情况很是同情，帮助协调解决了我大儿子退伍后的安置问题，让他到了供电局工作，解决了我们家里一个大的困难，我大儿子也能很好地照顾自己的弟弟妹妹。二儿子初中毕业后，就顶替他爸爸在家用机床厂的岗位，后来又遇到机床厂效益不好，让职工买断工龄，二儿子就这样下岗了，用厂里给的钱买了一套房子，还了很多年的贷款。他出来后依靠自己的技术继续当电工。他人很聪明，图纸也画得很好，后来去广州打工，在厂里干得

很不错，厂里一直都想留他，档案都调去了，当时还想把一家人全部迁到广州，但后来听他的同事说去了广州什么都得重新添置，于是此事就暂时搁置下来。

安徽省池州市市领导慰问童清荣（左二）

我退休后，就在家帮二儿子带孩子，送他到幼儿园上学，放学时去接他。

应该说，这么多年，我从没有放弃过，全心全意、用爱心和努力支撑起了这个家。我打心眼里感谢侨联、侨办等组织。我们街道的负责同志对我也很关心和照顾，帮我办理了低保，享受了一些好政策。

平静的生活才是真

——王润元　口述

被采访者简介： 王润元，男，蒙古归侨，祖籍河北。1955 年出生，1957 年去蒙古，1987 年回国后被分配到安徽亳州市涡阳县肉联厂，2010 年退休。

采访时间： 2012 年 4 月 25 日

采访地点： 安徽省涡阳县被采访者住所

采访者： 李怡嘉　程梦秋

整理者： 李怡嘉　程梦秋

王润元近照

一

1955 年，我出生在河北。由于父亲响应国家援蒙建设的号召和安排，1957 年，我两岁的时候随父母去了蒙古，居住在蒙古首都乌兰巴托。我在当地的援蒙工人子弟学校学习，这是当时中国第一所外办学校，名叫“培才学校”。学校的学生都是援蒙工人和华侨的孩子，前期都是国内派过去的老师教课，到后来就是当地的华人任老师。当时蒙古的教育体制和国内的差不多，用的课本也是国内教材的油印版。1972 年，我初中毕业，毕业后，我在当地找了工作，主要是搞建筑维修，1975 年，我与爱人结婚。

在蒙古，生活模式也与国内相似，大家在一起讨论毛主席的经典著作和毛主席语录，同样要进行“早请示，晚汇报”。中国共产党召开九大的时候，老师带领我们排练节目，到援蒙工地和学校演出庆祝会议的顺利召开。我们虽身在国外，但是心与祖国是连在一起的。我们在蒙古与当地的社会交流不是很多，当地人总体不错，大部分热情好客，比较好相处，但是有一部分比较排外，对我们华侨不太友好。

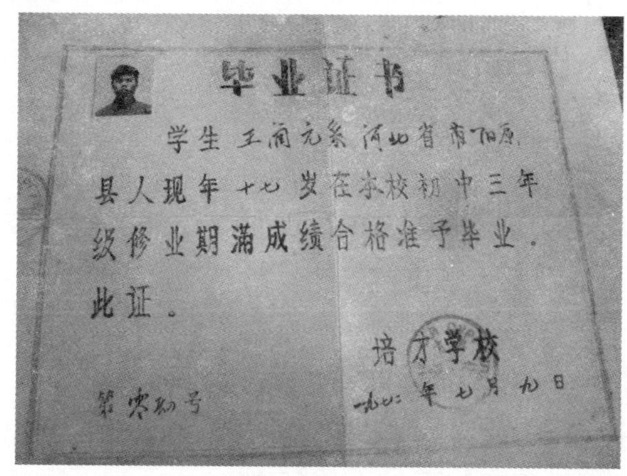

毕业证书

学生 王润元系河北省[illegible]阳原县人现年十七岁在本校初中三年级修业期满成绩合格准予毕业。此证。

培才学校

一九七二年七月九日

第[illegible]号

1972 年，王润元毕业于蒙古培才学校，图为王润元的毕业证书

王润元收藏的蒙古靴和老照片

二

到了1983年，由于政治原因，蒙古政府开始不让我们这些华侨住在首都了，让我们迁到牧区，使馆工作人员去考察后发现那里条件十分恶劣，而且存在严重的排挤异族的现象，因此中国使馆认为那里不适合居住和生活，打算把我们将近一万多人都转送回国。当时，使馆给每家都发了迁移证，等待国内的召回，但是由于各方面原因，后来慢慢停止发放迁移证，很多人开始抱怨，不断写申请要求回国。直到1987年6、7月份，使馆通知说申请被批准了，可以回国，于是，我在1987年底回国，被分配至亳州市涡阳县肉联厂，我父母也被安置在化肥厂，工作和住房在地方侨办的帮助下也得到了落实。

回国后的生活相比蒙古而言要好很多，我也很快地适应了新的生活和工作环境。刚回来的时候，周围有些同事对我们华侨还有一定误解，认为从蒙古来的人都比较野蛮，随身带刀。随着慢慢地相处，大家发现我们和他们都一样，没有什么大的差别，因此态度也开始转变了。

当时肉联厂与化肥厂一样都是国营企业，效益很好，但是随着改革的深入，厂子逐渐转为私营，后来在1998年申请破产了。2010年，我退休了，退休后主要是打打零工、做点小活，日子还算过得平静，和街坊邻居相处得也很融洽，大家对我也很照顾。儿子在考大学时还享受国家政策加分，让我十分高兴。从蒙古回来后的平静生活让我感到十分满足，这些都得益于国家和侨联组织对我们的关心和帮助，我一直心存感激。

我分别在1989年、2003年和2004年3次回蒙古探亲，我弟弟和妹妹现在仍然生活在那里。他们是由于户口不能统一安排和手续繁杂等原因，决定定居蒙古的。通过3次探亲，我看见蒙古的社会和生活状况也在发生着变化，物质生活丰富了，

很多商品都是从中国进口的，城市里盖起了楼房，汽车也多了，但贫富差距和国内一样很明显。值得一说的是，蒙古现在还有华侨学校。

三

在这里我还想说说我的爱人。她和我一样都是河北人，我们的情况差不多，都是随父母去的蒙古，我们是同班同学。1987 年，我们一起回了国。她是 3 届涡阳县政协委员，还是亳州市侨联代表，参加过 3 次县侨代会，2012 年 4 月参加了一次市侨代会。我对她积极参加侨务活动也很支持。

省侨联每年都给我们这些退休归侨一定的补贴，逢年过节的慰问让我们感到很欣慰、很感动。我对涡阳县侨办、侨联这些年的工作感到比较满意，并会大力支持他们的工作，希望省侨联和地方侨联能多组织和开展一些针对老归侨的活动，拉近老归侨之间的联系，同时帮助解决与老归侨切身相关的一些问题。据我所知，有的地区没有设置专门的侨务工作部门，希望省侨联能加强和完善基层侨务机构设置，切实保护老归侨的利益，温暖老归侨们的心。

根生在南粤，归来报祖国①

——翁树松　口述

翁树松近照

被采访者简介： 翁树松，男，柬埔寨归侨，祖籍广东汕头。1930年出生于柬埔寨，中专文化。1950年回国，参军入伍。1955年转业至滁县地区医药公司，从事中药材开发工作，先后任生产技术科副科长、科长、教职科长等职，获评副主任中药师职称。历任安徽省政协第五、六届委员，滁州市政协第一、二、三届常委，致公党第一、二届代表大会代表。

采访时间： 2012年5月4日

采访地点： 安徽省滁州市被采访者住所

采访者： 刘军军　崔　亮

整理者： 刘军军

① 由于翁老年事已高，疾病在身，所以本人口述的东西并不是很多，对于提出的问题并不能很好地回答，多数是由其长子代为完成。

一

我与妻子吴梅被人戏称为“六同”——同年、同乡、同学、同侨居地、同单位……在我的记忆中，从祖父那一代就已居住在柬埔寨，我和父亲一样都是生于柬埔寨长于柬埔寨的，不过父亲没能像我一样有机会回到祖国的怀抱。至于我的祖上具体是从第几代开始侨居柬埔寨的，我已记不清楚了。

我的妻子吴梅和我一样，祖籍都在广东汕头，她的祖上也是很早便来到柬埔寨，与我家住得很近。但不同的是，她们家很富裕，其父亲是个资本家，做大米生意，有很大的米店，她就在里面做会计。她有两个姐姐、两个弟弟，所以她在家里被称为三小姐。

在我 8 岁时，父亲去世了，生活的重担全都落在母亲身上，我还有一个弟弟，母亲为了我们兄弟俩吃了很多苦，所以我们家的日子过得很艰苦。上学时，我与妻子吴梅在同一个班级，我们感情很好，常常在一起玩。因为她家境殷实，不愁吃穿，所以每当看到我吃不饱的时候就常常资助我，对此我非常地感激她。就这样，我们俩也算是两小无猜，青梅竹马，在我们 20 岁时成婚于柬埔寨。

二

生活在海外的中国人，永远都有一颗赤子之心，从小父母就教育我们：“异国异分子，根生在南粤。胸怀赤子心，归来报祖国。”对此我是铭记在心的，时刻不忘祖国。在得知新中国成立后，心中万分欢喜，归国之心更加热切，积极响应祖国的号召，回来建设家乡。

1950 年，我刚刚 21 岁，便舍弃国外的一切，包括妻子和儿子（儿子刚刚出生，才 6 个月大），与其他几位热血青年辗转回到祖国的怀抱，参加社会主义建设。适逢抗美援朝，我决定参军入伍，决心以自己的实际行动捍卫新生的人民政权。

三

我服役的部队属于南京军区，本来可以选择转业在南京工作，但因离南京较近的滁县（现滁州市）消费水平比较低，所以我在 1955 年 3 月选择转业至滁县医药公司。就是因为这一选择，我便在这里扎下了根，一直居住至现在。

翁树松 1951 年 1 月 29 日服役时的照片及纪念品

1956 年，妻子吴梅带着儿子回到祖国，我离开妻子的时候，儿子刚刚 6 个月大，当与他们再见面时，儿子已经 6 岁了。孩子见到我时根本不认识我，我的心里对妻子与孩子特别愧疚。不过，令人欣慰的是他们能够理解我，这是我最大的安慰。妻子的父母及部分家庭成员在 20 世纪 60 年代也先后回国，她家几位亲戚至今还留在柬埔寨。岳父母归国后，也选择定居于滁县，并先后在此去世，葬在这里。我的母亲 58 岁时在柬埔寨去

世，后来我与弟弟失去了联系，不知他是已经回到了祖国，还是仍然留在柬埔寨，至今杳无音讯。

四

妻子回国后也被政府安排在滁县制药厂工作，与我算是同单位。接着妻子生下了小儿子。所以，在我们家，只有小儿子是在祖国出生的，可惜白发人送黑发人，小儿子去年因病去世。我在医药公司从事中药材工作 35 年，退休前曾任生产技术科副科长、科长、教职科长等职，是 22 级干部，并评上副主任中药师职称。

我一辈子算是平平淡淡，最值得我回顾的就是我从事中药材生产和中药采集的工作，曾参与编写了《滁县地区中药资源与区划》一书，荣获省医药系统二等奖。由于祖国的关爱和群众的信任，我曾历任安徽省政协第五、六届委员，滁州市政协第一、二、三届常委，致公党第一、二届代表大会代表，曾出席全国归侨先进集体先进个人代表大会，1985 年我被授予“老药工”荣誉称号。

姓名 翁树松
性别 男
出生年月 1930年12月
皖药证 0031

经医药专业高级
术职务评审委员会一九
八九年元月十三日评审
通过，该同志具备付主
任中药师技术职务任职
资格。

评审委员会（印章）

发证日期 一九八九年 十日

翁树松副主任中药师技术职务证书

翁树松在宣传中药材（摄于 1972 年）

五

由于年事已高，我和老伴身体都不是太好，尤其是腿脚不方便，老伴走路要靠凳子支撑，所以极少出门。一直以来，我和家人对于侨联给予的关怀感激不尽。20 世纪 80 年代住房紧张，很多人都需求房子，但侨联得知我的情况后积极给予解决，使我成了单位第一个分到新房子的人。

后来在子女上学方面，他们也给予了很大的照顾，孙子在中考时，按政策给予了加 10 分的照顾。我自觉未给国家作过什么贡献，工资却从最初的 51.5 元一直涨到现在的 3000 元左右，所以一直有愧于心。现在侨联每年都会来我家看望我和老伴。对于 80 多岁的我们来说，已经非常满足，我也更加坚定地认为我当初回国的选择是正确的。

翁树松（1994 年端午节摄于广东惠州）

安徽省滁州市政协首届委员会民主党派委员合影

（第二排中间为翁树松）

献身地质勘查事业，无愧我心[①]

——吴定林 口述

被采访者简介：吴定林，男，马来西亚归侨，祖籍福建。1939年出生于马来亚，6岁时被其母亲带回国，父亲早逝。中南矿冶学院毕业后分配到华东勘查局811地质队，长期从事地质技术工作直至退休。高级工程师，两度获得滁州市科学进步奖。

吴定林近照

采访时间：2012年5月5日

采访地点：安徽省滁州市被采访者住所

采访者：崔 亮 刘军军

整理者：崔 亮

一

我是马来西亚归国华侨、中共党员、高级工程师，大学毕

① 由于吴定林先生不幸得了脑中风，导致记忆力大大衰退并且无法进行叙述，因此只能通过其家人口述及他以前的部分书面材料进行整理。

业后（原中南矿冶学院，现改为中南大学）分配到华东勘查局811地质队，长期从事地质技术工作。我一家和我舅舅一家当年都居住在马来亚，父亲是拉车子的，曾从事进步事业，母亲是名农妇。抗日战争结束时，我只有6岁，我母亲就带着我回到了祖国，我母亲告诉我，叶落归根，我们是中国人就应该回来。

1959年吴定林在福建惠安一中读高中时的照片

二

我长大后，顺利考取了中南大学，在大学期间，我认识了我的夫人，她当时在湖南宁乡师范读书，我俩是在平反队认识的。因为我回来得比较早，而且当时在读书，所以在“文革”期间没有受到什么冲击。我结婚时，只有60几平方米的房子，而且是单位的，后来有了女儿和儿子。“文革”之后，我家的生活水平开始显著提高，买了140平方米的房子，买了车子，之后给儿子也买了一套133平方米的房子。儿子现在长居苏州，我也有了龙凤胎孙子和孙女，能够尽享天伦之乐了。

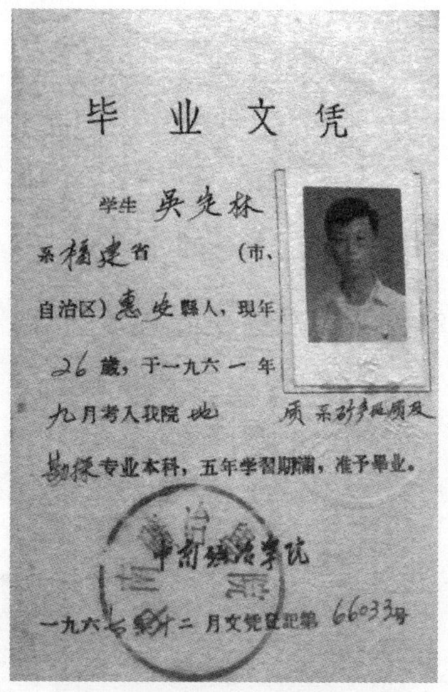

毕业文凭

学生 吴定林

系福建省 （市、

自治区）惠安縣人，现年

26 歲，于一九六一年

九月考入我院 地 质系矿产地质及

勘探专业本科，五年学習期满，准予毕业。

中南矿冶学院

一九六七年十二月文凭登记第 66033号

吴定林大学毕业证书

2003 年吴定林（左二）和家人合影于滁州

三

退休前，我在找矿工作中取得了一定成绩：对嘉山县铁矿、凤阳县毛山金矿进行了评估；参与了滁州市铜矿、全椒县马厂铜矿的勘探；并花很多时间在矿区外围进行普查。《滁县地区志》编委会下达给811地质队的任务是提供滁县地区境内地质、矿产和地下水资料，队内决定由我来主编，于1994年8月完成。我编写的《滁县地区矿产与地下水资源》一书完成于1988年，为滁州矿产开发利用提供了素材和依据，获得了滁州市科技进步奖。811地质队获得的3项“滁州市科技进步奖”，其中有两项为我个人获得，《滁县地区矿产与地下水资源》是我的一项获奖成果，我的另一项获奖成果为《郯庐断裂带皖东段金矿成矿条件及成矿预测》科研报告。为了支持地方矿产资源的开发利用，我主编了《安徽省嘉山县矿产与利用前景》资料，无偿赠送给当时嘉山县地矿局。1991年、2004年和2011年，我被授予优秀党员称号，同时地质局也给我颁发了“献身冶金地质30周年”的嘉奖。

1984年吴定林和同事合影于琅琊山

退休后，我有了更充分的时间对以往的工作进行系统整理，拓宽了思路，发现了新的成矿地段，我提出了全椒县马厂岩体寻找斑岩型铜矿的新思路，发现凤阳县中家山和土山中金、银、铅、锌成矿带，论证了滁县铜矿有新矿带存在。退休后能为华东勘查局找矿工作和滁州经济建设出一份力是我应尽的义务，我感到很荣幸。

1966 年吴定林到北京参观学习

在革命的大熔炉中锤炼自己

——吴南通　口述

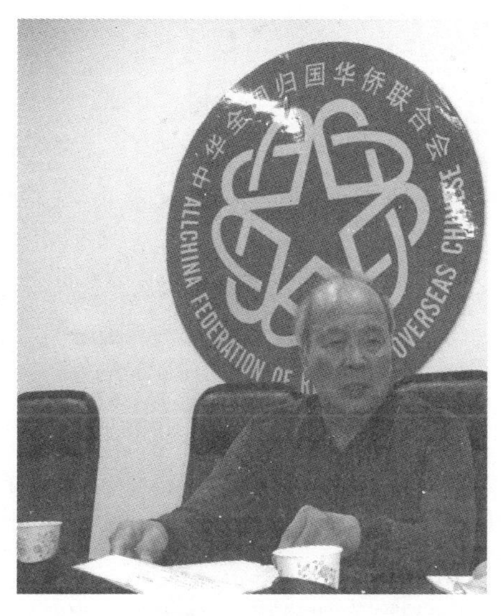

吴南通在接受采访

被采访者简介：吴南通，男，马来西亚归侨，祖籍广东。1951年回国，供职于马钢供排水厂。曾任马鞍山市侨联副主席、1978年第二届全国侨联代表大会代表，先后当选马鞍山雨山区、马鞍山市、安徽省人民代表大会代表。

采访时间：2012年4月23日

采访地点：安徽省马鞍山市侨联办公室

采访者：周　蓉　王　静

整理者：周　蓉

一

我祖籍广东潮州，是马来西亚归侨。马来西亚过去叫马来亚，当时还没有独立，为英国的殖民地。在那个年代，老家人去马来亚的很多，有人曾做过统计，潮州有人去马来亚的家庭占所有家庭的八成以上。马来亚比较落后，人口较少，而从中国过去的人都比较勤劳。他们老家很穷，土地少、人口多，选择出国也是无奈之举。他们就是凭自己的奋斗，开创了新的生活。

家父也是在那个年代到了南洋。他先在泰国住了一年，后来到了马来亚第二大城市——槟城，经亲戚介绍开始时做了一名清洁工人，后来在别人帮助下盖起了房子。说到房子，马来亚的房子和我们现在的混凝土房子不同，那边温度高，植物繁多，人们用类似椰子树叶的亚达树叶盖房，这种房子被当地人称为“亚达房”。大概在我四五岁的样子，母亲把我带过去与父亲团聚，后来家人在当地开了家小杂货店，生活起初不是很宽裕，经过多年的经营，日子才渐渐富裕起来，父亲又把叔叔和哥哥接了过来。哥哥比我大 5、6 岁，我当时已经在上小学。

1941 年，我上小学一年级。我清楚地记得那年考试考完的时候，太平洋战争爆发了，日本发动了对南洋的侵略战争。日本人用军用小飞机轰炸马来亚，当时英国的雇佣军（主要是印度人）不堪一击，纷纷逃跑，逃到南边的新加坡，而普通老百姓只能在原地听天由命。日本侵略到槟城时，烧杀淫掠，无恶不作。家父为了全家人的安全考虑，在当地人称“大山脚”的山上果园旁边搭了一个小棚供临时避难。小棚里面只有一张供人休息用的小床，我和两个妹妹、母亲挤在这个地方避难。我们靠父亲从山下背米上来为生，他每次只能背半袋 100 斤米，非常辛苦。马来亚地处热带，经常下雨，父亲在一次淋雨后生了场大病，接连几天都没有上山。父亲生病时，我们都还不知道，后来感觉不对，妈妈打发我下山看看是什么情况，等我回到家的时候，发现家父已经卧病在床。妈妈知道后，便回到家里照顾父亲。

当时稍微有点钱的人都逃难了，留下来的人已经不多，英国人开的医院也是人去楼空，想找到医生简直是天方夜谭。最

后只找到了一个庸医来为父亲看病，庸医竟说不吃药、不退烧就可以自愈。一个月后，父亲病情恶化，去世了，我们一家忍受了巨大的伤悲，生活也随即陷入了更加艰难的困境。

2011 年吴南通（前排右二）在马来西亚沙巴州与亲人合影

二

日军占领槟城 3 年 8 个月。这期间，我都没能上学。英军逃走后，兵营里的物资成了当地人活命的重要来源，英军留下了茶叶、罐头、米、面等物资，我们就把这些东西拿到防空洞里面度日。除了这些东西，我们还会卖点热带水果给日本人，如木瓜、菠萝等，运气好的话还能得到日本人抽的香烟，当时香烟比较值钱，可以换点东西贴补家用。一次，我拎着盛满水果的小篮子到日本兵营叫卖，一个穿军靴的日本军官吃了我一个木瓜，吃完就睡觉了，我只有在旁边等，可是左等右等，那个军官仍然没有付钱的意思，我就扯那个日本人的衣服，结果日本军官暴跳如雷，抽出亮晃晃的马刀，一脚踹来，我吓死了，站起来就跑，算是逃过一劫。

日本人为了显示威风，将遭到他们屠杀的老百姓的头颅挂在马路边的电线杆上、槟榔树上，凡是经过的百姓都要鞠躬行礼。英军回来恢复殖民统治后，我又开始上学了，继续读一年级，一直读到初小毕业。初小毕业后，我休学一段时间再上高小。当时哥哥已经结婚成家，我也十六七岁了。英国人为了巩固统治不断打压马共，还计划从老百姓家里抽壮丁，我也在应征之列。

新中国成立后，我们在国外的华侨从多种渠道了解到新中国的情况，当时报纸上登有新中国的五星红旗，甚至日历上都有有关新中国的宣传。我们心里对新中国非常向往，知道自己回国就能上得起学，可以报效国家，同时，也可以逃避抓壮丁，所以大家都想回国。

三

经过反复的考虑，我终于下定决心回国。1951 年 5 月，我和两个朋友一起踏上了回国的旅途。我们从槟城出发，坐火车到新加坡，再从新加坡乘船到了汕头。到汕头时已经是 6 月份，稍后我回老家潮州普宁看望我的伯父一家。

后来，我就在汕头华侨补习学校上学。当时学校里面有归侨 50 人左右，学习了很多关于新中国的历史、政策等知识。

1951 年吴南通回国时的照片

抗美援朝时期，我们这群

热血青年都想为国家作贡献，纷纷报名参军，并自发捐款。虽然最后国家没有让我们去，同学们还是在这段时期参加了各种相关的爱国革命运动，我们宣传美军在朝鲜的种种恶行，还谴责中国资本家把救命用的救急包里面塞满旧棉花以次充好的恶劣行径。

1956年，我参加了高考，顺利考上了西安建筑工程学院（现在叫西安建筑工程大学），专业是给水排水，一学就是5年，期间经历了很多政治运动，像“大炼钢铁”、“反右”、“红专大辩论”等等。1961年，我毕业的时候，与恋人一起被分到江西，我们在那里工作了两年。1963年，马钢车轮轮箍厂到我工作的新余钢铁公司招人，我和爱人也由此来到了安徽马鞍山钢铁公司。到马钢后，在动力厂供排水车间做技术员，爱人任公司设计分队队员，后来调到设计管理处。我慢慢地从技术员干到马钢供排水厂主任工程师。

吴南通参加车间会议（摄于1980年）

初到马钢时，感觉那里车间的工人文化技术水平比较低。我专心搞技术，心无旁骛。当时厂里有个头疼的难题——水泵出水阀大，每次要好几个人合力才能扳动阀门（口径为 500 的大阀门）。那时自动门很少，经过钻研，我将普通阀门改成液压阀门，以前要几个人合力才能完成的事情，我只要轻轻用扳手转动四通阀就可以完成，大大提升了工作效率。那时还有一个大问题，就是马钢用电厂的二次回水来完成机器冷却工作，但是二次水往往很浑浊、泥沙太多，储水池里面的泥沙沉积太厚，严重影响水泵系统的正常工作。当时采用的人工挖泥沙的方式耗时耗力，效率低下，后来在我的带领下，终于设计出一种电动绞吸式挖泥船，解决了清淤的问题。总之，我们克服了重重困难，解决了当时供排水厂多年来未能解决的许多难题，改进了技术和工艺。在我们的共同努力下，马钢的供排水厂逐步从一个较旧的厂子发展成为今天的规模。

马钢宣传部编：《历史不会忘记》图片之一（摄于 1992 年）

我很早就提交了入党申请书，但是由于各种各样的原因，入党申请久久没有音讯。后来我在厂部设备科当工程师的时候，党委书记觉得我很优秀，在他的帮助下，1984 年，我正式加入了中国共产党。在我 50 多岁的时候，被任命为车间副主任，后

来升为高级工程师，我所面临的问题更加艰巨了，我要帮助解决设备比较老化的问题，半夜可能还要披着衣服回工厂处理管道爆炸问题，我要尽量保证供水车间的正常工作，我非常忙碌。55岁那年，我主动要求退居二线，但厂里仍让我负责水泵房养护系统和调度室。58岁时，机构改革，供排水厂成立，我被任命为主任工程师。60岁时，我办理了退休手续。

回国至今，家母一共回国看望了我4次。

退休后，我就炒炒股、做做体育锻炼、看看新闻，还兼任侨联的顾问等。现在新华侨越来越多，老华侨越来越少了，马鞍山市侨联工作还是做得很到位的，每一年都举办归侨和侨眷的访问、座谈活动，想方设法丰富归侨侨眷的精神文化生活，我也将继续发挥余热，一如既往地关心与支持侨联工作的开展，共建侨界和谐。

吴南通（右二）与马鞍山市侨联工作人员合影留念

1983 年吴南通出席安徽省人大代表会议时留影

马鞍山市侨联筹备组成员合影（摄于 1983 年）

回顾走过的路，我衷心感谢党

——吴诸添　口述

吴诸添在接受采访

被采访者简介：吴诸添，男，新加坡归侨，祖籍福建同安。1940年10月出生于新加坡，1956年回国，1964年毕业于安徽皖南大学，后到农村参加“四清”运动。1967年被分配到合肥市第三十二中学任教，后抽出办校办工厂。1980年加入中国共产党，1981年参加筹备省侨联工作，1982年4月当选为安徽省侨联第一届委员会副主席兼秘书长，1987年被选为安徽省侨联第二届委员会副主席，1996年当选安徽省侨联第三届委员会主席。曾任省政协第四、五、六、七届委员，第八、九届常委，中国侨联第三、四、五届常委。

采访时间：2011年7月22日

采访地点：安徽省合肥市被采访者住所

采访者：胡修雷　乔印伟　毕　清　陈茂先　谷　新

整理者：谷　新

一

我祖籍福建厦门同安县洪塘镇石浔村。我小时候听父亲说，解放前，福建那边山多地少，比较贫穷，我祖父就与他的两个哥哥一起闯南洋。起初他们到了印尼的苏门答腊岛，看到岛上盛产椰子和花生，这些东西含油量都很高，他们便着手办起了食用油厂，取名源兴食用油厂。我祖父兄弟 3 人先后与当地的华侨女子结婚，我的父亲、伯伯、叔叔都出生在印尼。后来，生意发展得不错，我祖父他们就把生意做到了新加坡，买了土地，开办了新的油厂，雇用了不少的工人，后来又开办了橡胶厂，也有相当规模。

吴诸添父母在新加坡结婚时与家人、来宾合影

1940 年 10 月，我在新加坡出生。太平洋战争爆发后，我父亲带着我们乘船回到印尼，投靠我三伯家避难。后来听我母亲说，1941 年，在我们乘船出发的时候，日本人已经开始轰炸新加坡了。当时我年龄还比较小，还在发烧，病得不轻，幸亏我

们乘坐的船上有个英国医生，给我治病开了药，我母亲很感激他。途中，日本飞机炸中了我们的船，那个医生很不幸被日本人炸死了，我母亲为了感谢并纪念那个医生，特意用那个医生的名字给我起一个英文名字，叫 bobby（音“波比”）。到了印尼以后，因为新加坡的生意需要照应，我父亲又回到新加坡。日本投降后，父亲把我们接回新加坡居住。

我妈妈一家也是华侨，她是华侨的第三代，她祖上去新加坡比我祖父要早得多。我有个舅舅，在抗日战争时参加马来亚抗日义勇军，被日军打死。那时我已经记事，所以，我从小就对日本比较痛恨。

回到新加坡后，我在新加坡南侨中学附小上学。因为家里没人辅导，我当时的功课不是很好，我父亲就让我到大伯家住，跟堂姐、堂哥一起在新加坡南洋女子中学附小读书。我后来考上了新加坡南洋华侨中学（简称“华中”）。20 世纪 50 年代初期，印尼比较开放，与中国的关系不错，中国的很多报道、书籍在那里都可以买到。我堂哥他们把在印尼看到、听到的关于中国的消息带回新加坡。我与他们住在一起，听他们讲中国已经解放，共产党很伟大，是人民的政党。从那时起，我就对中国充满了向往，尤其是在抗美援朝期间，听到中国把美国的飞机打下来时，我感到无比自豪，感到中国已经强大起来了，特别荣耀，海外的华人华侨因此受到很大的鼓舞，许多人捐款捐物支持中国的志愿军。

在我上初二的那年，新加坡英国当局拟在学校征召青年学生参加当地的军队。我们学校的学生都不愿意做他们的炮灰。于是，当地 8 所华侨学校的学生联合起来进行集会、罢课抗议。事情闹大后，英国当局决定镇压罢课学生，把我们驱散，并迫使学校复课。也就在那个时候，我开始感觉到老是这样生活，也学不下去，感到很失落。有一天，我听到我的两个同学在商量着什么事，我就追问他们，他们告诉我，他们准备回中国学习，长大后好报效祖国，我觉得他们的想法很好，决心与他们同行。回家后与我父母商议，父母看到当时的情状，也就答应让我回国。

吴诸添在新加坡的4个弟弟

吴诸添在新加坡的家人

二

因为我们出生在新加坡，落地就是英国国籍。在登船前，海关让我们出示身份证，当看到我们都是当地出生的，又没有父母陪伴到中国，就对我们说，你们可要想好啦，回到中国就

不能再回新加坡啦！我们异口同声地回答说：“不回就不回，我们不后悔！”就把身份证交给了他们，毅然决然地踏上了回国之路。

坐了4天的轮船后，我们到达香港，然后转火车到了九龙罗湖火车站。当我们下火车，走到罗湖桥边，看到桥对岸的五星红旗高高迎风飘扬时，我们都无比激动，泪流满面，在心里激动地欢呼：祖国，我们终于回到你的身边了。从罗湖过海关，乘车到了广州，当地政府的工作人员和归国华侨补习学校的老师前来迎接我们。当得知我们是回国学习的学生后，就给我们做了精心的安排，根据我们在新加坡就读的年级，安排我们到不同的班级补习。我在广州归国华侨补习学校补习了一年，因为我堂哥在上海聋哑学校学习（我堂哥是印尼归侨），我就被分到上海控江中学读书。那时，我深感我们的祖国对我们华侨学生特别关照，侨务政策很好，连聋哑人都照顾到了，感到无比的温暖。我们写信给国外的亲友，他们也就放心了。当时，政府的这些好政策和好做法在海外产生了强烈的反响，从海外回国读书的学生也就更多了。

在上海读书时，我家里每月给我寄来约合45元人民币的生活费，这在当时是不小的数额。我们华侨学生常常在一起，保留着国外的生活习惯。我们在学校里度过了快乐的时光。记得有一位张暮勤老师对待我们就像妈妈一样关怀关爱我们。遇到我们学生中有生病的，她都会亲自陪着生病的学生去医院治疗，经常熬到深夜才回家。现在我们这些侨生有时回到控江中学聚会时，我们大家都会不约而同地忆起张暮勤老师，她是最受我们侨生敬爱的一位好老师。

1960年，我参加高考后，被皖南大学（现在安徽师范大学）录取。当时学校的华侨学生很少，学校对我更是给予了无微不至的照顾。记得那时是3年自然灾害时期，物资很匮乏，政府对我们归侨和学生发放了特需供应券，可以买到米、油、蛋等紧缺物资，学校也特许我使用电炉做饭，在当时算是开小灶啦！学校每年召开学生代表大会，我都作为归侨学生代表参加会议，感到非常荣耀。

三

1964年，我大学毕业，到农村接受贫下中农再教育，我被分到青阳县木镇公社双龙大队。在青阳一年多的时间里，与群众同吃、同住、同劳动。第一个月，我一下瘦了15斤，后来才慢慢适应了。第二年，我被分到桐城。1966年，“文革”开始后，我们被安排到潜山四清工作队分团报到。没过多久，工作队解散了，我们都各自回家。我到了合肥，借住在我爱人家，那时我们还没结婚，我们是在合肥结婚成的家。

我在家待了很长时间，因为没有工作，我们这几届毕业生自发组成了64、65学生兵团，派学生代表到北京教育部反映情况。周总理接见了我们64、65届学生代表，并敦促地方政府解决往届毕业生未分配的问题。1967年，我和爱人被合肥市人事局分别分配到合肥三十二中和合肥四中任教，总算安定了下来。

“文革”期间，由于“四人帮”执行极“左”路线，很多人被划为“地富反坏右”、“臭老九”等等，我们这些有海外关系的人也不例外，被定为内控对象。当时合肥市有不少侨生在学校做教师、在医院做医生、在工厂当工程师或工人，不少人在运动中也受到冲击，有的被怀疑为潜伏的特务。其中，有一个中学教师是马来西亚归侨，被怀疑为特务，在学校红卫兵的逼问下，受不了就自杀了。这对我们这些侨生触动很大，我们是一心想报效祖国而回国的，生活再苦，我们都能忍受，怕就怕被歧视。那几年，是我一生中过得最压抑的时期。

四

1970 年，响应毛主席的指示，学校筹办校办工厂。因为我是学物理的，学校领导找到我，让我协助校长负责校办工厂的筹备、经营和管理。

到工厂后，我们就从找项目入手，与校长一起到学校旁边的客车修配厂了解情况。客车厂给我们提供了一条信息，说是修配厂每年都要从上海购买大量的铝装饰条和车厢的压条。这让我们很受启发，我和校长满怀信心地到上海川沙学习生产技术。由于我是学物理的，掌握相关的知识，对设备操作和制图技术接受得很快。学会后，我们开始筹建校办工厂，我主管技术，产品供应给客车厂，客车厂试用后特别满意，我们赢得了开门红，也因此得到了教育局的肯定和重视。后来，除了销往合肥客车厂外，产品还远销山西、江苏等地。一时间，我们厂子红红火火，利润相当可观。学校用赚到的钱修了路，盖了教学大楼，更换了教学设备，改善了教学环境，得到全校师生的普遍赞誉。

1980 年，我们校办工厂的产品参加教育部在广州举办的校办工业产品产销会。在这次产销会上，我们的产品被一位港商看中。在洽谈时，我竟被他认出我们是由新加坡一起乘船回国的同学。多年不见，竟在生意场上重逢，惊喜万分。当大我们不谈生意，只是好好地叙叙旧，谈了这么多年来各自打拼的境遇，动情之处，感慨万分。他当时在香港做生意，对我们的产品很感兴趣，给了我一张图纸，要我们在一个月内生产出样品。回到合肥后，我们加班加点，在一个月内把样品拿出来，并通过检测，得到了我朋友的认可。就这样，我们的产品销到了香港，在当时也算是出口！为此，学校还多次受到了教育部、省教育厅、市教育局的表彰，为学校赢得了荣誉，我本人也多次荣获“先进工作者”称号。在这个时期，我光荣地加入了中国共产党。

1998 年，吴诸添（左）率领安徽省侨务访问团访问新加坡时与父亲吴经球先生（中）合影

五

合肥市侨办了解到我的先进事迹后，举荐我为省政协委员。20 世纪 80 年代初，在省政协会议上，作为提案人之一，我参与建议参照周边省市的做法，筹备成立安徽省归国华侨联合会。1982 年初，省委批复同意了我们的建议。于是，省里就开始了省侨联筹备工作，我被抽调过来参加了筹备组，后来留在省侨联工作。4 月份，我被选为安徽省侨联第一届副主席兼秘书长，我特别感谢组织的信任，也深感责任重大。

“万事开头难”。在成立之初，省侨联由外办党组代管，只有 7 个名额的编制，经费也特别少，在省政府招待所临时办公，工作开展起来困难重重。我们常常组织归侨侨眷联络联谊，大家自己制作各具特色的食品，一起聚会联欢，也算是苦中作乐吧。我们还组织了印尼语补习班、广东话补习班等。条件虽然有限，但归侨侨眷很乐意参与，总算有了自己的“家”。

我们按照侨联工作章程，立足“为侨服务”，为归侨侨眷解决实际困难，并通过参政议政渠道提出了许多建设性的议案、提案，受到省里的重视，推动解决了许多涉侨问题。在日常的

工作中，我们还号召归侨、侨眷去动员海外的亲友，介绍海外客商来安徽考察，储备了一批侨务资源。

直到2006年退休，我一直在省侨联工作，为安徽侨联事业的发展作了自己应有的努力和奉献。

2000年6月，时任安徽省侨联主席的吴诸添（中）率团拜会香港华人华侨总会

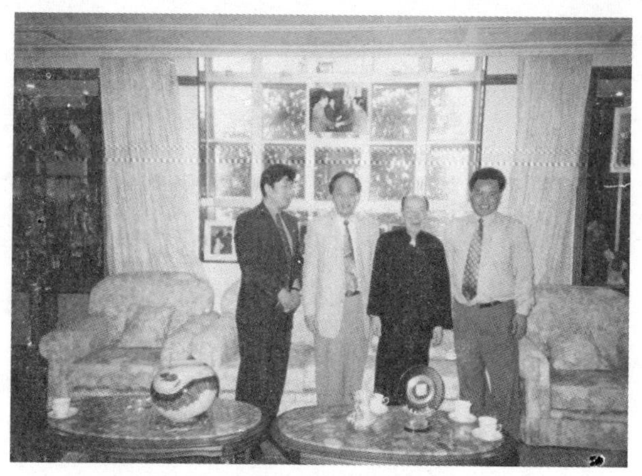

2000年6月，时任全国政协副主席的马万祺（右二）在澳门会见吴诸添（左二）一行

六

回国这么多年，饱尝了与家人离别之痛，但通过自己的拼搏与奋斗，我坚定了信念，为国家和社会作了一定的贡献。我为当初自己的选择感到无悔和欣慰。

改革开放前，与国外亲人的通信相当困难，最初我们的通信还受到管制，直到1986年，我才能第一次回新加坡探亲。那时中国和新加坡相比，收入差距还是比较大的。20世纪80年代，我们国内的工资比较低，而我兄弟，他们房子、车子都已经有啦，生活很富足。不过经过改革开放的短短几十年，我们国内现在发展得很快，现在我也有房有车了，退休后常常与老伴自驾游到处看看，生活相当安逸。现在，他们反过来羡慕我们的生活。

我父亲前几年去世，母亲现在还健在。1984年，我母亲来过合肥一次，我请假陪她在国内到处转转，弥补多年未能照顾她的歉意。我母亲对中国的变化和发展感到欣喜，对我们的生活环境也就比较放心。

我有4个弟弟，都在新加坡经商，发展得都还不错。现在交通通讯非常方便，也感觉不再那么遥远了，特别是合肥与新加坡开通直航后，就更加方便了。如今我每年都和老伴去一趟新加坡探亲，我与兄弟们来往也就更加频繁了。我大儿子到新加坡工作了10年，前几年也回来发展了，现在在芜湖奇瑞汽车公司下属的商贸公司工作，二儿子现在省中国银行分行工作，他们都已经成家立业。我们现在没什么负担，感觉晚年生活非常幸福。

总之，希望我们的祖国繁荣昌盛，是每个爱国华侨和归侨侨眷的共同心愿。回顾走过的路，我特别感谢共产党，没有共产党就没有我们归侨现在的良好工作和生活。国家坚持一贯的

对侨政策，真正赢得了海外华侨华人和归侨侨眷的心。各级侨联组织真诚为侨服务，真心为侨排忧解难，为侨商回国创业发展牵线架桥。我相信，侨联事业的未来会更加广阔，侨联工作的明天会更加辉煌。

2002 年 6 月，吴诸添（左二）随时任中国侨联主席林兆枢（中）率领的中国侨联代表团赴法国、荷兰、丹麦和瑞典访问

父亲留给我最珍贵的馈赠——信念

——谢逢暹　口述

谢逢暹夫妇

采访对象简介：谢世澂，男，泰国归侨，1911年出生于湖南醴陵，1927年参加革命工作，1931年考入交通大学唐山工学院，1935年毕业后就职于粤汉铁路工程局，1937年8月前往美国密执安大学研究生院学习，1938年硕士毕业后，受聘于美国克力斯谦尼·匿尔逊国际工程公司，并被派往泰国分公司工作。1945年应聘前往上海交通大学任教。1948年应邀前往台湾大学土木系任教。1949年8月回到祖国大陆，先后在唐山工学院、广西大学、中南土建学院和长沙铁道学院等校工作，曾任广西大学工学院院长、中南土建学院教务长、长沙铁道学院学术委员会副主任等职。1987年1月，加入中国共产党。同年7月退休。曾当选为湖南省第一届人民代表大会代表，政协湖南省第四届、第五届委员会常委。

口述者简介：谢逢暹，采访对象之子，1940年出生于泰国曼谷，1946年回国。1964年毕业于中南矿业大学（现中南大学），同年被分配到安徽铜陵有色金属公司工作。1965年调到井巷公司，从技术员做到公司经理。1985年2月加入中国共产党。

1987年任有色金属公司职工大学副校长。1989年调任有色公司地质处副处长。1992年参加安徽省委党校高知班学习。1993年任安徽有色金属工业（联营）集团副总经理。1998年退休。曾任铜陵市政协第四、五、六届委员，市科协副主席，1998年任铜陵市侨联第一届委员会副主席，现任铜陵市侨联咨询委委员。

采访时间：2012年4月25日

采访地点：安徽省铜陵市被采访者住所

采访者：董　岱　韩丽丽

整理者：韩丽丽

一

我父亲谢世瀓1911年出生于湖南醴陵。他的童年是在一个军阀混战、民不聊生的年代中度过的。随着共产党的诞生，湘东南这一中国革命的摇篮掀起了阵阵革命浪潮，父亲也卷入了这股洪流之中。1927年，年仅16岁的他，瞒着家人与两个同学一道参加了革命队伍，在党的领导下开展宣传鼓动、组织发展、壮大队伍的工作。由于表现出色，当年就加入了共青团，并担任团小组长的工作。他们的部队活动于醴陵、攸县、茶陵一带。在党内“左”倾冒险主义的影响下，攻打长沙的战役失败，父亲也在战斗中负伤，从此离开了部队，结束了他短暂而轰轰烈烈的革命战斗生涯，虽然只有短短的3年时间，但这3年却为他一生的追求奠定了基础。

随后，父亲便走上了一条科学救国的道路，1931年考入交通大学唐山工学院，1935年毕业后就职于粤汉铁路工程局，1937年8月前往美国密执安大学研究生院学习。由于抗战的爆发，来自国家的、家庭的资助全部中断。在这极其困难的情况下，他竟然只用了一年多的时间学完全部课程，拿到了学分，1938年硕士毕业后，受聘于美国克力斯谦尼·匿尔逊国际工程公司，并被派往泰国分公司任工程师，后升任主任工程师。父亲毕业后的第一项工作便是为泰国政府设计并建造国家独立纪念碑（现改名为民主纪念碑）。今天，这一雄伟壮观并具有浓厚中国色彩的建筑依然屹立在泰国曼谷市政府前马路口西侧的广场上，成为曼谷市的一大景点，它凝结了中泰两国人民的友谊和智慧。

1945 年抗战胜利，次年，父亲不顾外公及泰国亲友的反对，举家回归祖国，在上海交通大学任教。由于旅途劳累，母亲疾病加重，不久病故。此时，国民党挑起内战，父亲将刚满 6 岁的我送回老家，第二次出国，又回到泰国，随后组建了新的家庭。1948 年应邀前往台湾大学土木系任教。

为了参加革命，1949 年 7 月，父亲冒着生命危险冲破国民党的严密封锁，化装搭上外商货轮，于 8 月初投奔到东北解放区，随即转往唐山工学院工作。1950 年 8 月，应原广西省人民政府主席张云逸同志的邀请，被聘为广西大学工学院院长，我们全家终于在祖国团聚。

2004 年 6 月谢逢暹回泰国探亲时在泰国民主纪念碑前留影

2004年6月谢逢暹（右）回泰国探亲在酒店与其五舅（合影）

二

全新的工作、全新的环境、全新的制度和体制，检验着父亲的智慧和能耐。凭着满腔的爱国热情、顽强的敬业精神、认真的工作作风以及严格的自律风范，父亲的工作得到了国家和社会的认可。1951年，他被中华全国自然科学专门学会联合会聘为该会桂林分会筹委会委员及中国土木工程学会发起人，受命组建中国土木工程学会桂林分会，并当选为该分会理事长。同年，父亲加入中国民主同盟。1952 年 8 月，当选为桂林市各界人民代表大会代表。

1953 年春，父亲被中央教育部指派为中南区高等学校院系调查工作组工科专业负责人，对全区各大学工学院进行调查，为随后的院系调整提供依据。同年夏天，父亲被任命为中南土建学院管委会委员，随后便出任该学院教务长，主持全院教学和科研工作。1954 年 7 月，当选为湖南民盟省委委员和湖南省第一届人民代表大会代表。从 1949 年回国到 1954 年这几年，是父亲在国内工作强度最大、最辛苦的几年，也是他最高兴的几年。

1957 年，是一个多事之年，也是父亲人生历程大逆转之年。这一年，他被错误地划成“右”派，深受迫害。“四清运动”开始后，连教书的权利也被剥夺了。“文化大革命”期间被隔离审查，接受监督劳动达 7 年之久。1972 年，父亲才被调回系里工作，但只能从事资料翻译和设计工作。直到 1979 年 3 月，党组织才为他作出平反的决定，认为他被划为“右派”分子是错误的，决定恢复他的政治名誉、社会职务和原工资级别。这顶戴在他头上 22 年之久的“右派帽子”终于被摘掉了。

平反后的父亲，以超乎常人的精力投入到工作之中。从 1979 年起，他先后当选为政协湖南省第四届、第五届委员会常委兼教育工作组副组长，民盟第四次、第五次全国代表大会代表，民盟湖南省第六届、第七届委员会委员兼文教科技委员会主任，长沙铁道学院学术委员会副主任、学报编委会主任等职。此外，还担负一门专业外语的教学工作。他一干就是 8 年，直到 1987 年 7 月才办理退休手续。

从 1949 年 7 月回到祖国大陆，到 1987 年 7 月退休，父亲在岗工作 38 年，前 8 年和后 8 年是他为国家工作作出贡献最大的 16 年，党组织对他这期间的工作评价是“忠诚党的教育事业，

长于教育管理、对广西大学工学院、中南土建学院和长沙铁道学院的创建和发展倾注了大量心血，作出了重要贡献。”（摘自1997年7月院党委书记在父亲追悼会上的悼词）。另外的22年，父亲是在逆境中度过的，然而，对于一名真正的革命战士，只要他还有一口气，凭着对祖国的忠诚、对事业的追求，他都能作出应有的贡献。这期间，他无法用自己的名义去发表文章和著作，就用学院和系的名义去发表。只要是于国于民有利的事，他从不去计较个人的得失。就这样，他忍受着高强度体力劳动的劳累，利用一切可利用的时间，先后翻译出版了有关钢筋砼结构的论文数十篇，出版了《随机震动引论》和《钢筋砼结构裂缝问题》两部专著；还完成了近两百万字的我国援外项目——非洲坦赞铁路的交工资料的翻译和校审工作；为了便于中坦两国工程技术人员的学习，特地编写出版了《棚车》和《机械力学》等7种中译英科技资料和教材。所有这些，他都没有署上自己的名字，也没拿过一分钱的稿酬。

三

1987年，是父亲最为高兴的一年。这年的一月，他光荣地加入了中国共产党，实现了他多年的夙愿。自从16岁开始，父亲就加入了共青团，走上了革命道路。在国外工作期间，他参与过当地进步力量组织的抗日战争工作。回国后至反“右”前，他曾先后多次向党组织表达了入党的心愿，即便是在那最痛苦的22年期间，他仍始终坚持自己的选择，矢志不渝。年青时的工作和战斗历程，使得共产主义在他心灵中留下了不可磨灭的印象；国破家亡、民不聊生的旧社会，让他苦苦地追寻着救国救民之路；7年的海外生涯，使他学到了先进的技术，也领略了洋人的傲慢、歧视和欺压；早年的追求和爱国的情怀使他抛弃了异国他乡的优裕生活，毅然回到百废待兴的祖国。建国初期，举国上下团结一致、齐心协力的新气象使他进一步看清了国家的前途和出路，坚定了他的信念。正如院党委在父亲追悼会的悼词中所说："近百年来，中国民主革命的历史教训和自己亲身经历使他认识到，只有社会主义才能救中国。于是，他下定决心要跟共产党到底，为共产主义事业奋斗终身，……谢教授热爱中国共产党，对党的信念始终如一，即使在最困难的时候，对党和人民的事业从未丧失信心。"

在随后的日子里，父亲以一名共产党员的形象走完了自己的人生之路，生前多次被评为"优秀共产党员"。为党组织，也为他自己的人生增添了无限的光彩。

什么是人生最大的乐趣？什么是对祖国无限的忠诚？什么是对人民真正的热爱？什么是夙夜匪解、矢志不移？父亲一生的经历，就是一本最好的教科书，也是给我的最珍贵的馈赠。

1986 年谢逢[illegible]St在安庆铜矿作工作报告

1988 年谢逢暹在有色公司职工大学年终总结大会上作报告

1991 年谢逢暹在有色金属工业总公司铜镍矿山
测量工作会议上发言（左一）

活着·感恩

——谢惠忠　口述

被采访者简介：谢惠忠，男，祖籍浙江宁海，高级工程师。1939年出生于香港，1943年回到内地。1958年被浙江大学录取，1964年分配到铜陵有色公司。1998年退休。

采访时间：2012年6月15日

采访地点：安徽省铜陵市被采访者住所

采访者：崔　亮　朱　晖

整理者：韩丽丽

一

我父亲从小当学徒，在上海工厂学修纺车。后来有一次偶然机会，跟别人去了香港，在香港纱厂里做技术工人。我1939年出生在香港。

1941年底，日本人占领了香港，全香港居民的日子变得如履薄冰，大家都战战兢兢，不敢大声说话。日本人实施戒严，采取了严格的警戒措施，经常搜索巡逻和限制行人夜间行走。我清楚地记得，有一天晚上，我父亲带着我哥和我外出散步，正好遇到戒严，日本巡警出动了，父亲看到情况不好，让我们赶快跑回家。我跑在最前面，我哥哥跟在我后面，我父亲在最后。等我们刚到家，日本巡警就追上来了，他们抓住我父亲，叽里咕噜说了一串日本话，我们都听不懂，万幸的是，他们只是打了我父亲几下就走了。我当时只有三四岁，吓得直哆嗦，

裤子都尿湿了。

在那样动乱的环境中，我们根本买不到粮食，只能吃一种叫豆饼的肥料，我每次吃了都肚胀，十分难受，到后来连豆饼都没得吃了。1943 年下半年，眼看在香港已经无法生存，父母带着我们坐船到了上海。屋漏偏逢连夜雨，下船时唯一的家当——父亲带的一个箱子，也被不明身份的人抢走了，什么东西都没有了，连全家的照片也都遗失了。

二

回到内地不久，我们家又从上海搬回浙江宁海县水车乡金加山村，这也是我们老祖宗世代生活的地方。我父母在那里以种田为生。可是头 3 年里，很不幸，遇到两年旱灾、一年水灾，生活非常困苦。我记得小时候吃南瓜就吃好几个月，山芋还没熟就吃山芋梗，玉米棒还没长好，就掰下来吃了。甚至有一年过年，还是靠找人借一升米，全家人才吃上一碗饭，更别提什么菜了。水灾的时候，我们只能跑到屋顶待着；旱灾的时候，地里没收成，火柴一点都能烧着。父亲和母亲商量，再这样下去全家人会活不下去。正准备寻求办法，国民党突然跑到村里抓壮丁，我父亲被抓去做挑夫，专门挑重物。后来经过一个山林里的时候，我父亲趁乱逃脱了。1946 年，他只身到了上海，后又辗转到香港做工，赚钱养家，很是辛苦。

我清楚地记得，当时国民党败退舟山群岛之前，跑到我们村里抢劫，四处找鸡蛋吃。当地口音鸡蛋和子弹差不多，村里居民以为是要子弹，都说没有。国民党部队一边比划着，一边挨家挨户搜，搜到了就饿狼一般吃进肚里。

就这样，搜查来了一趟又一趟，我们都习惯了，等他们来搜查时，大家都坐在自家的门口，一起互相壮壮胆。有一次，我跟村里大人去晒场，他们逮着我了，让我举起手不要动，村里大人连忙说他还是个小孩子，别为难他，他们才把枪放下。

到后来，解放军打过来了，国民党军队连夜撤退，我跟村里大人坐在井边上，一个子弹打过来，离我坐的地方只有 5 公分左右，真是惊险万分，我吓得拼命往家跑。到家了，头上的瓦片子弹还哗哗哗地像下雨似地往下落，这个情景到现在我都历历在目，心有余悸。

1949 年，国民党败退后，我在离家两里路的浙江宁海县水车乡上小学。解放军穿着学生装，口袋里塞个牙膏，到水车乡学校里跳秧歌舞，与我们一起联欢，每个人都和蔼可亲，宣传共产党为劳苦大众谋幸福，对我们说就要解放了，你们的幸福生活就要开始了，还把地主家的猪杀掉分给大家，当时我就觉得他们都是好人，跟无恶不作的国民党部队完全不一样。

三

中学的生活虽然条件艰苦，但也过得很充实，我在学校种地、挑大粪。放暑假，我在家里参加回乡小组，就和如今的大学生社会实践差不多，帮助扫盲、修水利、挖基肥等。我记得有一年，年初一下了好大的雪，我和社员跳到水塘挖基肥，因为没钱买胶鞋，就用稻草包着，赤脚挖泥巴，干得热火朝天，一点也不觉得辛苦。当时家里的柴火都由我砍，100 斤的柴火，砍好后顺着山路，自己就挑回家了。

上中学的时候，恰逢“大炼钢铁”，我也参加了大炼钢铁，去炸矿石，一夜炸到天亮。虽然最后不成功，但是自己感觉还是做了件大事，终于亲身参加国家建设了。

1959 年，我考上浙江大学地质勘探专业，第二年得了肺结核，当时医药费都是由学校付清的。我们那个时候上大学，困难学生不需要交学费，我还享受甲等助学金，所以我心里特别感激。正因为如此，我们当时的大学生的思想觉悟都比较高，

都把国家利益放在首位，从不考虑个人得失，毕业的时候都表态愿意服从国家分配，祖国的需要就是我的志愿，哪里艰苦我去哪里，没有丝毫怨言，也没有挑三拣四。1964 年 9 月 8 日，我和另外一个同学分到铜陵有色公司。第一年劳动实习，什么都干，跟其他工人一样在矿井出矿、打眼、放炮。工作了不到两年，“文革”开始了，当时厂里毛泽东思想宣传队专管知识分子，我们知识分子被他们要求在井下劳动，一直干了 3 年左右。

1970 年谢惠忠（中）在铜山铜矿进行野外考察

后来，我进入铜陵有色公司有色设计研究院采矿室，参加深部找矿、设计，还有伴生元素普查，如对铜矿山、凤凰山矿、铜山铜矿、安庆铜矿、金口岭矿等进行普查研究后形成报告。其中我的安庆铜矿——钴的附存状态研究报告荣获铜陵有色公司三等奖和铜陵市三等奖。我自己也多次获得“先进党员”、“工会积极分子”、“先进工作者”和市“五好青年”等荣誉称

1971 年谢惠忠（右一）在铜陵有色设计研究院采矿室与同事一起挑选单矿物

号。除了专业工作，我还担任了 9 年的科研分会工会主席，1988 年 9 月，我光荣加入中国共产党，同年光荣退休。由于科研课题没有做完，组织上让我继续留在单位直到 1999 年课题完成才完全退下来。

退休以后，我在家闲得发慌，感觉自己还有能力做一些事情，于是又去山东打工五、六年，负责管理塑料厂的原材料生产、成品销售工作。从山东回来以后，我的组织关系就转到了社区，社区把我们这些党员组织起来，义务巡逻，算是为社区作一点力所能及的贡献吧。

1995 年谢惠忠在铜陵有色设计研究院
选矿室撰写课题研究报告

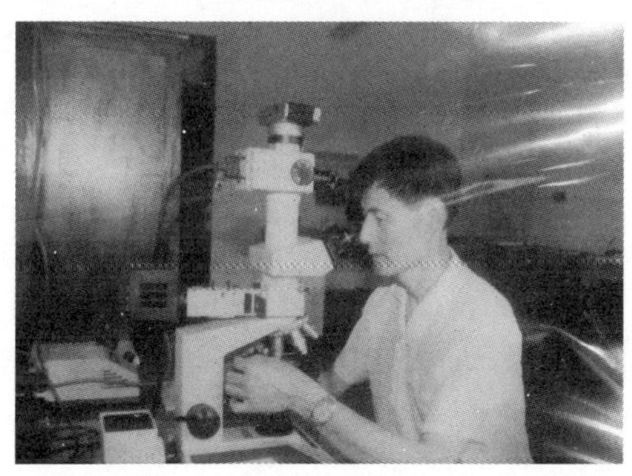

1997 年 7 月谢惠忠在铜陵有色设计研究院
岩矿鉴定室进行矿石鉴定

四

人生中有些特别难忘的事情时时萦绕在我的脑海中，让我觉得活下来是我的幸运。第一件事是在浙江老家上小学时，9 岁的我放学回家，国民党败退的军官把我拖着，让我当勤务兵，我不愿意。一个农民看到我可怜，帮我说情，说我年幼，让他们在村里找个年长的，算是逃过一劫。第二件事是在矿里劳动的时候，和一个姓巩的采样师傅下矿去采样，当时我正在敲矿，完全没意识到头顶上一块大石头掉下来了，幸好巩师傅拉了我一把，侥幸活了下来。

我是贫苦出身，经历了战争的生死考验和劳动的千锤百炼，对别人的帮助，我常怀感恩之心，自己也想带着这份感恩之情去帮助别人，所以每次需要捐款，包括为亚运会、为铜陵长江大桥建设捐款的时候，我都带头捐，为国家建设尽到自己的绵薄之力。

我是1969年结婚的，一年后，第一个儿子出生了，1977年又生了第二个孩子，但是不幸的是，二儿子在小学毕业回老家时，跟我弟弟的孩子一起下河游泳，不幸淹死了。我老伴也曾经是化工厂的工人。她于1996年去世后，我一直独身，没有再婚，一个人拉扯孩子，帮他们成家立业。我的孙子今年就小学毕业了。

我刚参加工作的时候，国家规定第一年工资是43.5元，第二年是55元，这在当时相对来说算高的了，不过那时是计划经济时代，买什么都用票、布票、粮票、煤球票，等等。改革开放后，知识分子地位提高，我由技术员升为工程师，1992年升为高级工程师，工资也由80多元涨到300多元，等到退休时是778元，经济上没问题。改革开放前，我们住的是公租房，90年代初，我花了两万多块钱把它买了下来。儿子在婚前跟我们住，他于2000年结婚，2010年买了新房子，搬出去自己住。

侨联组织还是很关心我们这些老归侨侨眷的，逢年过节都有侨联的同志过来看望和慰问我，每年还组织一些联络联谊活动邀请我参加，这次口述历史采访也让我很感动，我感受到了侨联组织乃至党和国家带给我们的温暖。

回忆往昔，心里只有“幸福”二字

——郑焕宇　口述

被采访者简介：郑焕宇，男，泰国归侨。1924年出生于福建宁德，1947年毕业于暨南大学，后赴泰国某华侨学校任教。1950年回国后，进入当时的北京华北人民革命大学学习，随后留校工作。1960年分配至合肥工业大学外语系任教。1986年底退休。

采访时间：2012年5月8日

采访地点：安徽省合肥市被采访者住所

采访者：吴　青　朱　晖

整理者：吴　青

一

我叫郑焕宇，祖籍福建宁德，是合肥工业大学外国语学院的一名退休教师。

我1924年出生于美丽的南方城市福建省宁德市。我生长于战火纷飞的时代。在我的记忆里，童年的生活不如现在的孩子这般美好，但也过得无忧无虑。高中二年级时，我以同等学力的身份顺利考取了当时中国七大名校之一的暨南大学。入校时，我选择了可以提供公费就读机会的教育系师范类专业，立志做一名人民教师。读书期间，我时刻铭记着离家前父亲对我说过的一句话：“知识改变命运。”我也看到了在日本帝国主义侵略下的满目疮痍的中国。我深知作为一名有志的青年学生，须用

“知识”武装自己，以使自己将来更有能力报效国家，打败敌人。

1947 年 6 月，我以优异的成绩毕业。同年 8 月，国民政府教育部在北京举办侨教师资暑期讲习会，主要目的是选拔一批刚毕业的大学生和青年教师赴泰国华侨学校从事教育工作，刚刚毕业两个月的我毫不犹豫地报名参加了这次讲习会。

二

经过两个月的培训后，我们一行 10 人启程奔赴泰国。到达曼谷后，经过与当地教育部门的协调，我与另外一位同学被分配到泰国与马来亚交界处的一所华侨学校。一个月后，我有幸被任命为这所学校的教务主任，除了固定的教学任务以外，还要对学校的整个教学工作负责，要负责制定教学大纲、组织青年教师培训等，以提高全校教学水平。一年后，由于工作出色，我又被推选为学校的校长，全面负责学校的各项工作。

作为一个华人，在泰国的华侨学校从事教育工作还是有一定困难的，华侨学校的学生中既有华人，也有泰国人，语言是摆在我们面前的第一个障碍，也是最大的一个障碍。当时泰国的官方语言是英语，很多课程要求老师用英语授课，同时，考虑泰国本地的实际情况，必须要进行一些必要的泰语教学，这对我们这些华人教师来说是最大的难题。刚开始我们都是跟着泰国的学生们学习泰语，逐渐熟悉泰语后再用泰语给学生们上课。华侨学校大部分的学生是华人，所以学习中文就是学生们的必修课，我们还要尽量抽出时间让同学们学习中文。做一名华侨学校的老师很不容易，至少需要掌握 3 门语言才能胜任这份工作，这对于当时的我来说的确是一个不小的挑战。虽然工作比较辛苦，但是与孩子们在一起的日子是快乐的，现在每每回忆起那段异国从教的经历，我都觉得仿佛就发生在昨天一样，每一个上课的场景至今仍历历在目。

1949 年 10 月 1 日，中华人民共和国正式宣告成立，这一令全世界炎黄子孙为之振奋的消息很快便传到了泰国，传到了我们华人中间。听到这个消息的第一时间，我便暗自下定了决心，无论遇到什么困难，我一定要回到我的祖国，我要为祖国的教育事业贡献自己微薄的力量。1950 年初，我完成了当年秋季学期的工作任务后，不顾泰国方面的强力挽留，毅然回到了祖国。

1947 年郑焕宇（右三）与朋友合影于泰国大使馆前

1948 年时任泰国中华学校校长的郑焕宇参加泰国集会

三

回国后，恰逢当时的北京华北人民革命大学招生，主要招收一批青年知识分子，为新中国的教育事业增添新鲜血液。我在这所学校学习了 4 个月后，留校工作。

建国初期的北京华北人民革命大学

由于整风运动的波及，我被错误地打成“右”派，1960 年 5 月，被下放到合肥参加生产劳动。

1960 年底，整风运动结束，我恢复了身份，被分配到合肥工业大学外语系工作。从 1960 年底到 1986 年底退休，我在教师这个岗位上整整干了 26 年。虽一生平平淡淡教书，到老时却也桃李满天下。我教过的学生中有很多已经成为了行业中的佼佼者，这也是我作为一名人民教师最大的欣慰。

我最大的爱好是书法。退休后，我通过练书法陶冶情操。平时，我还很喜欢看书看报、写写文章，家中藏书已有上百册，剪报加起来的重量也足有几十公斤。偶见杂志上刊有我的文章，也都是很多年前的事情了。

虽然我如今年事已高，可我一直保持着积极乐观的心态。我想对当下的年轻人说：年轻就是最大的本钱，学习时好好学习，工作时踏实工作，做一个敬业爱岗的好青年，当你逐渐老去再回忆曾经的美好时光，你的心中就只有“幸福”二字了。

北京华北人民革命大学第三期开学典礼现场

北京华北人民革命大学三期二部四班八组毕业照（第二排左四为郑焕宇）

祖国的怀抱很温暖

——周有朴　口述

被采访者简介：周有朴，男，印尼归侨，1939年6月18日出生。1958年回国。1963年，在蚌埠市拖拉机附件厂工作。1980年加入中国共产党。1986年至2001年，历任蚌埠市侨联办事员、秘书、副秘书长、市侨联常委。1996年至2004年，被选为安徽省侨联第三届委员会委员。曾当选蚌埠市第八、九、十、十一届人大代表。

周有朴近照

采访时间：2012年6月18日

采访地点：安徽省蚌埠市被采访者住所

采访者：李怡嘉　程梦秋

整理者：李怡嘉　程梦秋

一

据父亲回忆，1937年“卢沟桥事变”后，日本帝国主义大举侵华，发动了全面侵华战争，为了躲避战火，父亲不得不去了印尼西婆罗洲。三四年后，包括印尼在内的东南亚也同样遭受到日本的侵略，日军飞机大肆轰炸西婆罗洲。当时我家就在首府坤甸，经常能听到日军飞机在上空盘旋，人们惶惶不可终日。交通运输受阻，商业凋零，物资奇缺，生活十分艰难。

1939 年 6 月 18 日，我出生在百言院的山沟里，家里有兄弟姐妹 10 人，我排行老三。为了养家糊口妈妈不得不下地干农活，常常把我用条布袋吊在树枝上，只有喂奶时才把我从树上放下来。那时人们吃的都是木薯和椰子，这样的艰苦生活持续了好几年。渐渐地我开始懂事，对许多事情有了一些记忆。

七八岁时，我曾经亲眼目睹许多爱国人士被日本军车拉走，那时很小，还不知道日本人为什么要抓他们，后来才知道他们是抗日战士。也有不少华侨和印尼当地人被抓走（包括我的大舅），遭到关押、审讯、拷打、活埋等等。一些人，大概有近 3000 人还被枪决了。他们的烈士墓和英雄纪念碑至今仍留在坤甸榴莲港。日本帝国主义侵略西婆罗洲时，当地进步组织抵抗，遭到日本帝国主义的疯狂屠杀和镇压。随着国际局势的转变，法西斯的罪行不得人心，遭到全世界人民的反对，人们群起而攻之。日本帝国主义的行径也遭到各国人民的沉重打击，其在太平洋岛上的战争一败涂地，日本面临着四面楚歌的境地，节节败退，最终于 1945 年 8 月 15 日宣布投降。

1950 年，父亲携全家搬至邦戛，在亲友的赞助下开了一个小店铺。这个店铺坐落于独立街后裕路，但营业还不足 10 年，一场大火就将全部家当烧成了灰烬，这是最令人悲痛伤心的。还记得那是 1960 年 2 月的事，那时正是华侨欢庆春节期间，一天夜里凌晨一点多，一小撮印尼反动分子和暴徒纵火焚烧了邦戛城，大火烧了整整一周才被扑灭，我们只能住在学校里。这次大火烧尽了家里的全部财产，也使父亲多年的心血毁于一旦。在这场大火中，华侨的损失最为惨重，华侨的损失占到全部损失的 80％，印尼当地人占 20％。

事实上，在未发生火灾前，印尼人就经常欺负我们。比如，他们经常骑自行车故意撞我们，还动手打华人。印尼人认为他们已经是一个独立的国家，可以当家做主人了，把华侨看作是居住在他们国家的外来人，他们常常说："你们如果不喜欢，可以回到中国去。"他们自认为地位得到了提高，有政府的扶植，十分自傲、霸道。相比之下，华侨遵纪守法，为了保证正常的生活起居，只能忍气吞声，不敢多说话，也不惹是生非。在这种状况下，许多华侨选择把子女送回国内念书，因为在印尼读书几乎没有出路，就算将来是个人才也没人会任用，也有一些从商的人为了不受窝囊气，选择加入印尼籍。

1957 年周有朴（后排右一）全家合影于印尼加里曼丹

我小学读的是当地华人学校，中学时增加了印尼课程，渐渐地用华文编的书本就不多见了。印尼政府对教材控制得很严，上课的书必须经过当地政府审核盖章后方可用于教学，这也是印尼排华表现的一部分。总而言之，在印尼生活时感到生命、财产得不到保障，所以大部分人变卖家产，如橡胶园、椰子园、房屋等，举家回国。

二

在邦戛发生火灾之后，我们得到各地侨胞的支援和祖国的关怀。国家派巨轮分 4 批把我们接回国，中国驻印尼领事还亲自到轮船上看望我们，并一一握手告别。经过 4 天 4 夜的航行，我们终于到达汕头港，那里有成千上万的人们排成长龙等候和迎接我们，我们十分激动和感动，都挥舞着双手。当时给我们安置得非常好，统一安排吃住，发放各类日用品，如衣、被等物资，热情地招待让我们难以忘怀。我是第四批和妹妹一起回国的，父母是第五批，为了和父母会合，我就和妹妹在汕头滞留了一周时间。随后，与父亲一起去常山、漳州寻找他们的行李。后来在鹰潭和武汉各住了一天，于 1960 年 6 月 8 日抵达洛阳，被安置在河南省省六建公司居住，我们受到市侨联和省六建公司有关领导的热情接待。1960 年 7 月，我被分配到洛阳市第一拖拉机制造厂技工学校学习。1963 年 8 月毕业后，又被统一分配到安徽省蚌埠市拖拉机附件厂工作。

回国后，我觉得祖国的怀抱非常温暖，国内局势和环境也好很多，在祖国受到的教育也很好，使我进步很快。被分配到蚌埠市拖拉机附件厂后，我一直干了十几年，任劳任怨、勤勤恳恳，1973 年至 1976 年，我多次被评为“先进工作者”。1973 年，因在社会主义建设事业中积极响应市委号召，在工作中做出显著成绩，我被评为“市先进生产者”。1979 年，我荣获共青团蚌埠市委授予的“青年突出手”光荣称号；1980 年，我光荣地加入了中国共产党，感觉自己身上又多了一份责任和担子。

1985 年，我被借调到蚌埠市侨务办公室工作，筹备市侨联

周有朴工作照（摄于 1966 年安徽省蚌埠拖拉机附件厂）

相关工作，开始与侨务工作结下不解之缘。1986 年，我先后担任蚌埠市侨联办事员、秘书、副秘书长、市侨联常委。我是蚌埠市第八、九、十、十一届人大代表，1996 年至 2004 年，我还是安徽省侨联第三届委员会委员。在任职期间，我能够认真履行职责，积极思考问题，遵守各项法律法规，经常参加市人大会议及各项视察活动，深入基层群众中去调研，并且提出议案和提案，在担任市人大代表副组长一职时，我工作负责，受到市人大的一致好评。

2001 年，我光荣退休了。在多年的人大和侨务工作中，我获得了许多荣誉，如 1989 年被评为“侨务系统先进工作者”、1991 年被评为蚌埠市人大“活动积极分子”等等，这些让我很受鼓舞也心存感激，十分感谢党组织对我的信任和肯定。

1974 年周有朴（右一）参加安徽省蚌埠市青年“先代会”留影

三

回国后的 50 多年，我在各级党组织的培养教育下成长，一家人也过着幸福的生活，但我希望有机会能回印尼看看，看望一下定居在那里的多年未见的妹妹，找寻一下我的童年和许多往事的记忆。2010 年 4 月 14 日，我登上去印尼的航班，终于见到了多年未见的妹妹和儿时的同学，我无比激动。在亲友的陪伴下，我参观了现代化的雅加达，发现现在印尼的变化也非常大，但仍不及中国的发展成就。

现在，印尼华人已基本去中国化了，除了上年纪的华人能讲国语和中国方言外，所有年轻一代全被印尼化，尽管有着相似的面孔，但不会讲华语，这让我感到一种时代的悲哀，令人伤心。但我看到，他们仍保留着中国人的风俗习惯和传统美德，关心祖国的前途和命运，这点又让我感到欣慰。随着中印（尼）两国频繁的交往，我相信，中印（尼）两国人民的深厚友谊会不断加强。

目前，省、市各级侨联对我都非常关心，常来慰问、看望

我，我觉得很满意和欣慰。我希望侨务部门能够紧密联系归侨同胞，他们中有很多人通过自己的努力奋斗取得了一定成就，我们应该尽量、充分合理利用这些资源，多引进具有高科技水平的归侨人才，帮助国家和地方经济社会的建设和发展。

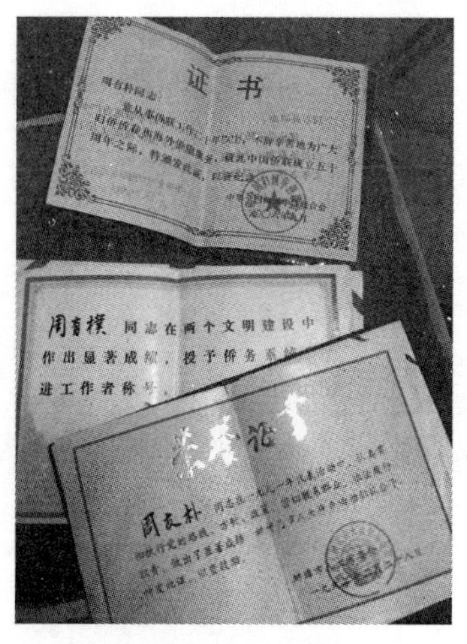

周有朴的获奖证书

我为祖国而自豪

——庄雪琴　口述

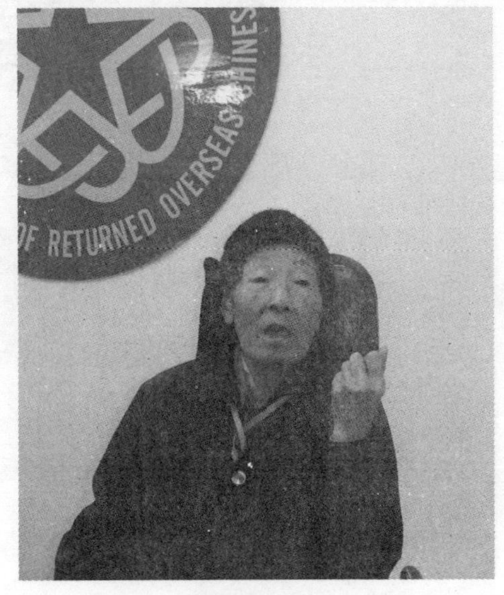

庄雪琴近照

被采访者简介： 庄雪琴，女，缅甸归侨，祖籍江苏镇江。1923年出生于缅甸两广。1940年回国。后随丈夫调至马鞍山，在解放路商店做营业员，1976年退休。

采访时间： 2012年4月25日

采访地点： 安徽省马鞍山市侨联办公室

采访者： 王　静　周　蓉

整理者： 王　静

一

1923年，我出生在缅甸两广，祖籍江苏镇江。满清末年，祖父原在上海行医，后来下了南洋，一开始在新加坡，后到了缅甸，缅甸离云南很近，云南是全国最大的药材生产基地，获取中药材很方便。

1937年，抗日战争爆发，日本侵略中国，在我国西南部受阻后，企图从东南亚的缅甸攻打云南大理县。我父亲读过私塾，我奶奶曾对我父亲说过："儿啊，你不发财，就不要回祖国，回祖国不好生活。"我父亲大受刺激，便烧了所有医书，开始兴业。父亲有个拜把兄弟叫梁金山，跟着英国人做事情，是个矿工工头。梁金山后来投资和父亲一起经营了一家火河运输公司，加入国民党滇缅公路西南运输处第四军国民党华侨运输大队。

有一次，半路上遇到日本人，梁金山先走一步，父亲被日本人紧紧追赶。父亲带领着一辆轿车、4辆货车往中国国境这边逃，日本兵在卡车上架着机关枪在后面紧追。眼见形势危急，父亲让司机赶紧停车，让我们下车，我亲眼看见一颗子弹把我们当中一人的帽子打飞了。当时面前恰巧是一座坟山，大家就往山上跑，因为坟头可以挡住子弹。日本人倒也迷信，见了坟头不敢往山上追，我们靠着鬼灵庇佑才保住性命！最后我们一大家子爬到了山顶看坟人的茅草房里，这时候来了两个国民党的散兵，手里捧着芭蕉叶，上面盛着些从老百姓家里讨来的冷饭，他们也准备在茅草屋躲避，看到我们一家老老小小人很多，就继续向前走了。他们走后没多久，就听见日本人的枪声。我们逃下山的时候，看见那两个国民党散兵死在那里，真是可怜啊。父亲又带着我们爬了几座山，日本人开着车进不了山，也不敢进山。我们爬过的山中有雪山，也有烂泥巴山。从山上下来，到了山边的渡口，整整一天才渡完了所有的人。大家全身都是泥巴。没有吃的东西，就吃棒子、酸果充饥。后来，借住在老百姓家里，吃的盐是那种用棉线吊在锅上方的石灰岩盐，我们这些小孩子还吃过炒稻米。那个年代在云南，有些妇女还穿着开裆裤，用长褂遮身，裹小脚，当地人还兴种植鸦片。

当时，我的弟弟才几个月大，母亲带着他买了头骡子来代步。

过了江，到了保山县，国民党没收了骡子。父亲用仅有的两支枪守护着100多个难民。为了安全，我扮成男孩子。离开保山县，我们沿路乞讨到了云南的一个镇——下关镇。当地那时候有个说法：“上有上关，下有下关，前有洱海，后有苍山。”

二

到了下关，生活基本上稳定了下来。我上了下关小学，音乐老师教的两支抗日歌曲到现在我还记得。在这里，老师把我的名字改成“庄军凯”，我以前的名字叫“水仙”，是爷爷给我取的。

后来，我到了昆明，上了西南联合大学附属中学，这个学校是由闻一多负责的。在这里读了5个学期的书，我的语文老师将我的名字改为“庄雪琴”。

1944年抗日战争最为激烈的时候，父亲带着我们躲到了郊区。

我的丈夫是安徽采石矶人，我们是经双方父母介绍认识的，他当时是安徽大学的流亡学生。1945年8月，抗战胜利前夕，我们完婚，9月回到了安徽采石矶。

我们婚后育有三男二女。大儿子出生在昆明，二儿子出生在贵阳，大女儿生在当涂，二女儿出生在呼和浩特，小儿子生在湖北。1949年，内战结束，南京解放，爱人便去了华东人民大学。我是军属，便带着3个孩子找南京市政府，请求帮助解决我的工作问题。我被安排到南京交行金融工会里做普通职工，只在那里做了6个月，又被安排到纺织厂工作了一年。后来丈夫从部队转业到内蒙古呼和浩特，我们便在呼和浩特住了两年。

再后来，丈夫调回马鞍山，分配到城建局，我被安排在光荣旅社小吃部（后为解放路商店）做一名售货员，直到1976年退休。

三

我爱人去世得早，大儿子也不在了。现在我老太太一个人孤零零的，但生活得还算很幸福。我们归侨都有一个愿望，就是能看到我们伟大的祖国一天比一天繁荣昌盛，我为我们伟大的祖国自豪。从退休到现在，我每天都看书、学习，早饭后一定要看一个半小时的书报，比如杂志、老年报等等，有时候听听广播，关注时政要闻。

后 记

归侨是一个特殊的社会群体。他们在国外时，就积极参加当地进步事业。回到国内，他们服从祖国的安排和需要，奋斗在各条战线上，为祖国的革命、建设和改革开放事业贡献出自己的青春和才智。由于一些历史原因，许多归侨在特殊年代受到冲击，有些人甚至受到迫害。尽管如此，他们对祖国和家乡的热爱始终不渝。

记录他们特殊的人生经历和心路历程、宣传和发扬他们的爱国爱乡精神，是华侨华人研究者和中国华侨历史学会的一项使命，也是当务之急。

在中国侨联和中国华侨历史学会领导的关心和支持下，2004 年中国华侨华人历史研究所适时提出拟在全国各省、自治区、直辖市，特别是在重点侨乡有计划、有步骤地开展老归侨采访活动，并制定了“老归侨口述历史”采访规划。截至目前，已先后在山西、天津、广西、海南等 11 个省市区进行了采访。采访结束后，均以省为单位，将录音录像整理成各省归侨口述录编辑出版。

2011 年 7 月至 2012 年 5 月，在中国华侨华人历史研究所的精心指导下，在合肥工业大学侨联的大力支持下，安徽省侨联组织 6 个采访组奔赴全省各地，采访了 36 名老归侨，并代表中国侨联、安徽省侨联看望慰问了采访对象。采访内容主要包括他们在国内学习、工作和生活情况以及主要工作成就，还包括老归侨在国外的生活经历、回国及定居过程和家庭情况等方面。采访结束后，合肥工业大学侨联、安徽省侨联、中国华侨华人

历史研究所对全书进行了编辑。

中国侨联领导对本次老归侨口述历史采访工作十分重视并给予大力支持。李卓彬副主席对全书的整理、编辑工作进行了指导，并决定将《安徽归侨口述录》作为《中国华侨历史学会文库之二十八》编辑出版。全国政协常委、中国侨联顾问林明江十分关心采访工作，欣然为本书作序。

本书是此次采访活动的成果之一。在录音整理时，我们尽可能尊重原始录音录像，坚持口述历史的真实性和客观性的原则，但不可能完全做到“原音再现”。由于行文和出版纪律的需要，有必要对语句、段落进行梳理，对一些涉及政治敏感性或个人恩怨的话题也有必要予以斟酌、删节。初稿整理完毕后，我们都征求被采访者的意见，让他们给以审核并签字认可。为了保护被采访者的隐私，他们的详细住址不予公开。本书篇章按照口述者姓名的拼音顺序排列。

从提出计划到采访、录音整理、编辑成书，我们得到了方方面面的支持。在此，我们要特别感谢安徽省侨联和地方各级侨联的领导和有关工作人员。没有他们的支持，我们的采访活动是不可能顺利完成的。从采访对象的确定、联系，到采访日程以及采访组成员食宿的安排，安徽省侨联和地方各级侨联都做了周到细致的准备。

安徽省侨联十分重视此次采访工作。省侨联党组书记、常务副主席康晓萍亲自过问采访工作，党组成员、副主席吴向明多次与采访组成员座谈，鼓励采访组克服困难，要求采访组认真负责，确保质量。省侨联还抽出干部参与采访工作，文化宣传部认真联系被采访对象，精心设计采访路线，并预先将采访提纲、调查问卷等材料发到受访者手中，使受访者有所准备。各地侨联对采访工作也十分重视，并给予最大可能的协助。各地侨联主席不仅亲自过问、周密安排，而且在百忙当中抽出时间陪同我们采访。这些，都有效地保证了采访组在有限的时间内顺利完成各项任务。

我们还要特别感谢各位被采访者。对此次采访，他们都事先做了精心细致的准备，有的甚至写好了文字稿。在采访过程中，他们激情满怀地向我们讲述他们不平凡的经历，不厌其烦地回答我们提出的问题，并积极地提供保存已久的老照片、奖章、获奖证书等很有价值的史料供我们翻拍，事后许多老同志还按照我们的要求及时补充相关材料。不过，由于各种原因，个别归侨的照片我们搜集到的很少，个别归侨口述内容还不够翔实。这些是较为遗憾的事。面对我们采访，各位被采访者有说不完的心里话。尤其让我们感动的是，有些被采访者虽然身体不适，但还是很乐意接受我们的采访，他们把这次采访当成来自组织上的关怀。初稿整理完成后，我们也得到了各位被采访者的大力支持和帮助。从被采访者的口述中，从老归侨不平凡的人生经历中，我们既能体味到他们无私的爱国奉献精神，也能体知到历史深处的某些细微之处。

本书能够顺利出版，与中国华侨出版社的领导、编辑的关心和支持是分不开的。他们对文稿进行了认真负责的审核，并提出了不少中肯的修改建议。由于编者水平有限，不足之处在所难免，恳请读者及关心此书的同仁、朋友们给予批评指正。

编　者

2012 年 7 月

《中国华侨历史学会文库》已出版书目

1.《华侨华人研究文集——纪念中国华侨华人历史研究所成立20周年》中国华侨华人历史研究所编　中国华侨出版社　2005年4月

2.《移民、性别与华人社会——马来亚华人妇女研究(1929—1941)》范若兰著　中国华侨出版社　2005年8月

3.《郑和下西洋与华侨华人文集》林晓东、巫秋玉主编　中国华侨出版社　2005年11月

4.《华侨与中国新民主主义革命——兼论民主革命时期华侨与中国共产党的关系》任贵祥著　中国华侨出版社　2006年7月

5.《赤子丹心——武汉合唱团南洋筹赈巡回演出纪实》叶奇思编著　中国华侨出版社　2006年12月

6.《再会吧南洋——海南南洋华侨机工回国抗战回忆》陈达娅、陈勇编著　中国华侨出版社　2007年4月

7.《回首依旧赤子情——天津归侨口述录》林晓东、张秀明主编　中国华侨出版社　2007年4月

8.《风雨人生报国路——山西归侨口述录》林晓东主编　黄成胜副主编　中国华侨出版社　2007年10月

9.《蹈海赴国丹心志——广西归侨口述录》林晓东主编　陈永升副主编　中国华侨出版社　2008年5月

10.《五邑侨彦与故乡今昔》吴淡初著　中国华侨出版社

2008 年 3 月

11.《海外人才与中国发展研究(2006—2007)》李其荣、谭天星主编　中国华侨出版社　2008 年 6 月

12.《椰风蕉雨话侨情——海南归侨口述录》林明江主编　林晓东副主编　中国文史出版社　2008 年 8 月

13.《越南漫笔》李泰山编写　中国文史出版社　2008 年 9 月

14.《妈祖文化与华侨华人文集》林晓东主编　陈永升副主编　中国文史出版社　2008 年 9 月

15.《岭南侨彦报国志——广东归侨口述录》林明江主编　林晓东副主编　中国文史出版社　2008 年 11 月

16.《八闽侨心系故园——福建归侨口述录》林明江主编　林晓东副主编　中国文史出版社　2008 年 11 月

17.《海外高层次人才与人力资源建设》李其荣、谭天星、林晓东主编　中国华侨出版社　2009 年 9 月

18.《新马华人历史与人物》黄东文著　中国华侨出版社　2009 年 9 月

19.《侨星》黄闻新编著　中国华侨出版社　2009 年 11 月

20.《赤子丹心——新中国剧团南洋筹赈巡回演出纪实》叶奇思编著　中国华侨出版社　2009 年 11 月

21.《钱江侨杰数风流——浙江归侨口述录》林明江主编　林晓东副主编　中国华侨出版社　2009 年 11 月

22.《燕赵赤子绘宏图——河北归侨口述录》林明江主编　林晓东副主编　中国华侨出版社　2010 年 6 月

23.《印度尼西亚孔教研究》王爱平著　中国文史出版社　2010 年 10 月

24.《洪渊源自传》洪渊源著　梁英明译　中国华侨出版社 2010 年 10 月

25.《报效祖国献青春——吉林归侨口述录》林明江主编　林晓东副主编　中国华侨出版社　2011 年 3 月

26.《旅俄华侨(旅苏、俄留学生)纪念馆史料汇编》(书名暂定),待出版

27.《荆山楚水系侨心——湖北归侨口述录》林明江主编　赵红英副主编　中国华侨出版社 2012 年 3 月